AF453253

CATALOGUE

D'OBJETS RARES ET CURIEUX,

Provenant du Cabinet & Fond de Marchandises de M. Lebrun ;

PAR CESSATION DE COMMERCE ;

DE TABLEAUX des Ecoles d'Italie, de Flandres, de Hollande, d'Allemagne, & de France ; de Dessins montés & en feuilles ; Estampes montées & en feuilles ; Œuvres & Galeries en Volumes des mêmes Ecoles ; Groupes, Figures & Bas-reliefs en Terre cuite & Ivoire ; Antiquités égyptiennes, grecques & romaines ; en Marbre & Terre cuite ; Tables de mosaïque antique, Vases étrusques, Médailles & Monnoies d'or & d'argent, antiques & modernes ; de grandes Figures, Bustes & Vases en Marbre blanc & Granit de travail moderne ; Tables de Marbre rare & précieux ; Pierres gravées en relief & en creux du plus beau travail antique & moderne ; Tabatières rares & curieuses ; Vases en Faïence d'Urbin ; Emaux & Peintures de Limoges ; Porcelaines d'ancienne première sorte du Japon & de la Chine ; grand nombre de riches Meubles du célèbre *Boule*, & dans son genre ; Girandoles & Flambeaux en bronze dorés au mat & d'or moulu ; Morceaux d'Histoire naturelle ; Tasses d'agathe, Manches de poignard en aventurine blanche, Coquilles matrices perlières ; squalata ; Minéraux d'or, d'argent, de plomb, de cuivre, de fer ; de Hongrie & de Sybérie.

Par J. B. P. Lebrun, Peintre, Membre de plusieurs Sociétés de sciences & arts, Commissaire-Expert - honoraire du Musée Napoléon.

L'Exposition publique aura lieu le vendredi 26, le samedi 27, & dimanche 28 septembre, depuis 10 heures jusqu'à 3 heures, rue du Gros-Chenet, n.° 4, en la galerie de M. Lebrun, où la vente s'en fera le lundi 29, à 6 heures précises de relevée.

Le présent Catalogue se distribue : A Paris. chez MM. Lebrun, rue du Gros-Chenet, n.° 4 ; Balbastre, Commissaire-Priseur, rue de Vendôme, n.° 8 ;

A Londres, chez M. Christi, Pall Mall ;

A Bruxelles, chez M. de Roy, marchand de dentelle & de Tableaux ;

A Amsterdam, chez M. Coquelers, peintre & négociant.

AN 1806.

Note importante. Nous avons été obligés de suivre les anciennes mesures, par rapport aux étrangers, qui ne font pas familiarisés avec les nouvelles.

L'on prie les amateurs de faire attention que quelques statues, bustes & vases feront exposés & vendus dans le jardin ; & que pour aller les voir, il faudra passer par l'anti-chambre du premier.

Les lettres **T. B. C.** indiquent les Tableaux sur toile, bois & cuivre.

Les objets qui doivent être vendus l'après-midi, feront exposés le matin depuis 11 heures jusqu'à 2.

A V I S.

Après quarante ans de travaux nombreux & fuivis avec activité, j'arrive au moment où chacun doit compter avec foi-même. Peut-être aurois-je dû choifir un moment plus propre à la vente de tant d'objets rares & curieux; mais des raifons particulières ne m'ont pas permis de l'attendre. Songeant donc au premier facrifice que j'ai fait en 1797, je fuis déterminé à fuivre toutes les chances que les circonflances pourront amener; je ne ferai pas moins reconnoiffant envers ceux que l'amour des belles chofes pourra porter à acquérir quelques morceaux dans cette Collection, ainfi qu'aux commerçans qui viendront y fpéculer.

Je renonce à la jouiffance de mon Cabinet, mais fans renoncer au défir d'écrire fur la peinture, & de rédiger les Catalogues des amateurs qui s'adrefferoient à moi, car il eft impoffible à l'homme habitué au travail, de refter dans l'inaction. Je recommande, au refte, cette Collection à tous ceux qui aiment les arts & qui les cultivent; j'efpère qu'ils y trouveront, chacun dans leur genre, des morceaux de goût & de haute curiofité, proportionnés aux facultés de chacun & leur nom infcrit fur mon Catalogue, fera pour eux un témoignage de ma gratitude.

Je recommande dans cette collection, comme Tableaux du premier ordre & dignes de tous Mufées ou Galeries de l'Europe, ceux de *Corrége*, *Annibal*

Carrache, *Baſſan*, *le chevalier Calabroiſe*, *Carle Marate* & *J. Paul Panini*, *Gonzale Coques*, *Gaſpard de Crayer*, *Jacques Jordans*, *Berthol Flamael*, *Winants*, *Wander Elſt*, *Gérard Laireſſe*, *Herman Swanevelde*, *F. Millet*, *Dietricci*, *Blanchard*, *Champagne*, *Baptiſte*, *Ch. Lebrun*, *Nicolas* & *Pierre Mignard*, *Lafoſſe*, *Lemoine*, & *Roland de Laporte*. Les Deſſins n'offrent pas moins d'objets rares & capitaux des plus grands maîtres. Dans les Eſtampes, il en eſt pluſieurs d'une grande rareté, tant montées qu'en volumes & en feuille, toutes belles épreuves. On remarquera auſſi des Terres cuites par *F. Flamand*, *Lalgarde*, *Legros* & *Clodion*; des Ivoires, par *F. Flamand* & *Sarazin*; des Antiquités égyptiennes, dont une *Iſis* en baſalte; des Statues & Buſtes antiques grecs & romains; de grandes Figures en marbre de 5 pieds & demi & 6 pieds; de très-beaux Buſtes, dont un *d'Alexandre*, de forte proportion. Parmi les Tables, une de moſaïque antique, de la plus grande beauté. Des Vaſes étruſques & en granit du plus grand volume. Pluſieurs Bronzes précieux antiques. Pluſieurs belles Pierres gravées ſur ſardoine, en relief & en creux, dont une du premier ordre, repréſentant *Phryxus*, traverſant l'Helleſpont. Des Tabatières de matières rares. Des Emaux curieux. Des Porcelaines de différentes eſpèces. Quantité de Meubles choiſis de *Boule*, Bronzes dorés au mat & un petit choix de Minéraux, Coquilles, Agathes, beaux Plâtres, & autres objets.

TABLEAUX

DES DIFFÉRENTES

ÉCOLES D'ITALIE.

MICHEL-ANGE BUONAROTTI.

N.° I. LE Jugement dernier, copie admirable, par quelqu'un des élèves de *Michel-Ange*. Plusieurs avis se réunissent pour l'attribuer à *Sébastien de Venise*, plus connu sous le nom de *del Piombo*, vu sa belle correction, sa couleur, & la facilité de la touche. Il est probable qu'il aura été fait pour être gravé par G. *Mantuan*, en plusieurs planches. Nous prions les amateurs de prêter un œil attentif à ce Tableau, qui est de la plus grande beauté. — Hauteur 5 pieds 10 pouces, largeur 4 pieds 6 pouces. T.

D'après RAPHAEL, par ANNIBAL CARRACHE.

2. Un Prophète ou ancien Patriarche hébreu, assis, tenant un rouleau d'écriture; derrière lui, sont placés deux jeunes enfans portant une inscription grecque soutenue sur une guirlande de fruits. Tableau admirable, par le grand caractère & le beau style de *Raphaël*, qui l'a exécuté à fresque. Sa signature se trouve dans la *pâte*; mais nous n'y retrouvons que le faire large & superbe d'*Annibal Carrache*. — Hauteur 4 pieds 9 pouces, largeur 4 pieds 9 pouces.

A

Idem. Par J U L E S R O M A I N.

3. Saint Michel terraſſant le Démon. Superbe copie par *Jules Romain*. Ce Tableau, bien conſervé, eſt digne des premières collections de l'Europe, & tranſmettra à la poſtérité un des premiers chef-d'œuvres de l'art. L'original ayant eu quelques parties majeures dégradées, on les a réparées ſur cette copie. Elle appartenoit au Roi, & provient de la vente de *Néle*. — Hauteur 7 pieds 9 pouces, largeur 4 pieds 9 pouces.

JEAN-FRANÇOIS PENNI, éleve de RAPHAEL.

4. Le Portrait de *Hortentia Jacovacci conſorte di Mariomellini;* figure de proportion naturelle, & vue à mi-corps, dans le coſtume du temps. Elle tient de la main droite un gant. Ce Tableau offre un grand caractère & un beau faire. — Hauteur 30 pouces & demi, largeur 24 pouces & demi. B.

A N T O I N E C O R R È G E.

5. Le Chriſt ſur la Croix. Il a le regard élevé vers le Ciel, la tête un peu tournée ſur la gauche. Une draperie légère paſſe ſur ſes cuiſſes. Au-deſſous de ſon bras droit, l'on voit à mi-corps, ſur des nuages, un Ange accablé de douleur, ayant la tête appuyée ſur ſa main droite, & montrant de la gauche le ſauveur. En regard, ſous le bras gauche, eſt un autre Ange vu auſſi à mi-corps, la tête appuyée ſur ſes deux poings. Le Ciel nébuleux & couvert, ne reçoit de lumière que par une ouverture de Gloire, & le fond laiſſe apercevoir l'horizon. Dans le lointain ſur la gauche, l'on voit deux Juifs vêtus d'une robe courte & la tête couverte de turban. Plus loin, un ſoldat tenant ſur ſon épaule ſa lance, & deux autres petites figures; ſur la droite, l'on en remarque encore deux vues en plan coupé. Le fond eſt terminé par la vue d'une ville & des montagnes. Cette compoſition appartient en partie à *Michel Ange;* mais notre peintre en a ſupprimé la Vierge & le Saint-Jean, qui

(3)

font debout sur le premier plan. L'on ne peut
se lasser d'admirer l'expression divine de la tête,
la délicatesse & la belle harmonie des muscles ;
la perfection achevée des pieds & des mains ;
la couleur vigoureuse, ferme & brillante, cette
fonte & cette harmonie dans les contours, &
ce faire empâté & moëlleux, que personne n'a imité.
Nous ne craignons pas d'avancer que ce précieux
Tableau peut être mis au rang des premiers & des
plus précieux de cette grande école. — Hauteur
17 pouces, largeur 11 pouces. B.

P A R   L E   M Ê M E.

6. Saint Barthélemi vu en buste, la tête penchée à
droite, & le regard élevé, tenant le couteau, ins-
trument de son martyre, le tout de forte proportion ; étude que le *Corrége* avoit projetée pour la
coupole de Parme, & qu'il a changée. Ce Tableau,
rare & de la plus grande beauté, provient de la
collection du *duc d'Orléans*, qui en avoit réuni
plusieurs. Celui-ci appartint aussi à M. *Robit*, qui
attestera la vérité de cette origine intéressante à
connoître. — Hauteur 17 pouces, largeur 23
pouces. T.

A N N I B A L   C A R R A C H E.

7. Un Tableau représentant l'*ecce Homo*, compôsi-
tion de cinq figures, vues à mi-corps. Jésus est
dans le milieu du Tableau, la tête tournée de
profil, penchée vers l'épaule droite, & le regard
baissé. Auprès de lui, Joseph d'Arimatie a la tête
en avant, & semble dire : Voilà le Fils de Dieu.
A droite & dans le bas du Tableau, on voit un
homme qui regarde Jésus attentivement. Le fond
est occupé par deux autres figures, dont l'une est
casquée. — Hauteur 7 pouces 9 lignes, largeur 6
pouces 3 lignes. B.

Ce Tableau précieux offre toutes les beautés de
la grande École de Bologne, par un caractère de

A 4

deſſin du plus grand goût & une vigueur de couleur qui ſoutiendroit le parallèle avec l'Ecole vénitienne ; nous le regardons comme un chef-d'œuvre
d'*Annibal*; il eſt d'une conſervation parfaite , & il
nous paroît certain qu'il a été fait dans le temps
du Saint Mathieu, qui eſt au Muſée. Une bordure
richement ciſelée & dorée au mat , qui a coûté 600ᶠ,
répond à l'importance de cet objet précieux , qui
vient de la vente de M. *de Laborde*. N.º 13 du
Catalogue de ſa vente, en thermidor an 11 , vendu
2000ᶠ.

D'après ANNIBAL CARRACHE.

8. L'Adoration des Bergers ; ſuperbe copie faite dans
ſon école, par quelque maitre habile, d'après le
tableau qui ſe voit au Muſéum, & offrant des beautés dignes de l'original. — Hauteur 36 pouces,
largeur 28. T.

LE GUIDE.

9. Sainte-Cécile, figure de proportion naturelle, & vue
à mi-corps ; elle a le regard élevé vers le ciel , la
tête coiffée d'un turban, & tient de la main droite
un archet poſé ſur une baſſe de viole, laquelle eſt
appuyée ſur une table couverte d'un tapis vert,
placé en avant ; derrière elle on aperçoit un orgue.
Tableau vigoureux, peint dans le temps où le Guide
imitoit la manière du *Carravage*, & dont la touche
eſt auſſi fière que hardie. Il eſt gravé par un moderne. — Hauteur 35 pouces & demi, larg. 27. T.

LE DOMINIQUIN.

10. Une belle tête de Vieillard repréſentant S.-An-
toine, vu de profil. Etude capitale , d'une touche
hardie, & du plus beau faire de ce maître. — Hauteur 19 pouces, largeur 15. B.

LE GUERCHIN.

11. La fuite en Égypte ; l'on voit la Vierge ſur le

devant, marchant à pied, tenant entre ſes bras
l'Enfant-Jéſus, plus loin Saint-Joſeph marchant &
conduiſant l'âne ; le fond eſt terminé par un payſage.
Ce tableau, fait au premier coup, eſt du beau faire
de ce maître, & l'un de ces morceaux de goût
pour les amateurs de la grande école. — Hauteur
7 pouces, largeur 8. C.

SCARCELLINO (da Ferara).

12. La Fuite en Égypte, ſous l'eſcorte de trois anges.
Tableau fin, que l'on a attribué à Louis *Carrache*.
— Hauteur 17 pouces & demi, ſur 14. T.

PORDENON.

13. La Samaritaine, compoſition capitale de plus de
20 figures demi-nature ; on voit à droite le Chriſt
aſſis devant un puits orné de ſculptures antiques ;
il eſt ſuivi de ſix de ſes diſciples. Sur la gauche,
la Samaritaine debout, a le bras gauche appuyé ſur
un ſeau de cuivre, placé ſur le bord du puits, auprès
duquel ſont un arbre & un moulinet ; plus loin
derrière elle, une douzaine de différens perſonnages
viennent du côté de la ville, & vers le milieu du
tableau, on voit une foule de peuple qui accourt.
Ce rare tableau offre la richeſſe de couleur de l'é-
cole vénitienne, & de grandes beautés de détail.
— Hauteur 37 pouces, largeur 50. B.

J. BASSAN.

14. L'Adoration des Bergers, compoſition capitale de
7 figures ; on découvre ſous le toît de l'étable,
l'Ange qui annonce aux bergers la venue du Sau-
veur. *Le Baſſan* tient à juſte titre l'un des premiers rangs dans l'école vénitienne. Ses frères, ſes
fils & petits-fils, outre un grand nombre de copies,
ont jeté une défaveur ſur ces ſortes de compoſi-
tions ; mais lorſque l'on en trouve d'auſſi belles &
d'auſſi admirables que celle-ci, on ne peut s'empêcher de convenir que *le Baſſan* ne ſoit un des

premières coloristes. Ce tableau est parfaitement conservé. — Hauteur 4 pieds, largeur 5 pieds 9 pouces. T.

F. BASSAN.

15. La Vierge vue jusqu'aux genoux, tenant entre ses bras l'Enfant-Jésus ; derrière elle, on voit S.-Joseph. Petit tableau, touché avec un goût & une force de couleur digne du *Tintoret*, à qui on l'avoit attribué. — Hauteur 17 pouces, larg. 14. T.

L. L. PADOUAN.

16. Deux enfans luttant ensemble ; un paysage termine le fond du tableau. — Hauteur 31 pouces, largeur 24 pouces. T.

LE CHEVALIER CALABROIS.

17. Le Martyre de S. Pierre, composition de neuf Figures. Ce Tableau, le plus capital & le plus beau connu de ce maître, fut acheté en Italie, par les ordres du Régent, & est toujours resté dans la collection d'Orléans. Quoique plusieurs peintres célèbres aient traité ce sujet, il n'en est aucun qui ait produit un tel chef-d'œuvre, parce que la composition en est grande & pittoresque, le dessin vrai & de grand caractère, la couleur forte & vigoureuse, & que l'exécution est du plus beau faire. Ce superbe Tableau est digne d'occuper une des premières places dans le *Muséum*, qui ne possède rien de digne de la réputation de ce grand peintre, & il est nécessaire au complément de l'Ecole d'Italie. J'espérois jouir plus long-temps de ce Tableau ; mais il est des sacrifices qu'il faut savoir faire. Mon seul regret seroit de le voir une seconde fois quitter la France, vu que les ouvrages du *Calabrois* sont rares. Il a été gravé par *Desplaces*, & les historiens l'on cité comme son chef-d'œuvre. L'on y joindra l'estampe. — Hauteur, 10 pieds 2 pouces ; largeur, 7 pieds 4 pouces. T.

CARLO DOLCE.

18. La Vierge & l'Enfant Jésus, figures de proportion
naturelle. La Vierge est debout, vue à mi-corps,
tenant l'Enfant Jésus debout, les pieds posés sur un
oreiller verd ; elle le soutient de ses deux mains.
Elle a la tête couverte d'un voile & d'un fichu bleu ;
son corsage & ses manches sont rouges, & son manteau d'une belle draperie bleue. Il est peu de peintres dont les productions soient plus séduisantes &
plus agréables. Outre le grand style qu'elles offrent,
le pinceau en est moëlleux, & l'harmonie douce.
Celle-ci ne laisse rien à désirer ; il est rare d'en
trouver d'aussi capitale. — Hauteur, 40 pouces &
demi ; largeur, 33 pouces & demi. **T.**

PAR LE MÊME.

19. La tête de S. Jean dans un plat, posé sur une
table couverte d'un tapis rouge. A droite sont deux
Chérubins. Ce superbe Tableau est d'un pinceau
admirable. — Hauteur, 18 pouces ; largeur, 36
pouces. **T.**

J. R. dit ESPAGNOLET.

20. Caton d'Utique, vu en buste & de trois quarts.
L'expression de la douleur & du courage est rendue
avec une perfection & un art extraordinaires. Le col
nud, ainsi qu'une partie du corps, montrent l'étude
profonde de l'anatomie & de la vérité de la peau.
L'épaule gauche & le ventre sont couverts de linge
& d'une draperie brune. Morceau d'étude de premier ordre. — Hauteur, 15 pouces ; largeur, 13
pouces. **T.**

Attribué AU MÊME.

21. S. Jérôme caressant son lion. Il est vu assis à terre.
Tableau d'une belle couleur. — Hauteur, 10 pouces
& demi ; largeur, 13 pouces. **C.**

F. VANNIUS.

22. Deux Tableaux repréſentant, l'un l'évangéliſte S. Jean, occupé à lire, & accompagné d'un Ange; l'autre, l'évangéliſte S. Grégoire, auſſi liſant, & également accompagné d'un Ange. Précieux Tableau d'une belle couleur. — Hauteur, 7 pouces; largeur 3 pouces & demi, cintré du haut. B.

BERNARD STROZZI, dit *le Préſre génois.*

23. Sainte Cécile chantant & s'accompagnant. Un Ange eſt près d'elle. Ce joli Tableau, rempli de fineſſe & d'expreſſion, eſt l'un des plus petits ouvrages que nous connoiſſions de ce maître. — Hauteur, 4 pouces 3 lignes; largeur, 3 pouces 3 lig. ſur C. de forme ovale en hauteur.

GUIDO CAGNACCI.

24. La Magdelaine évanouie, après s'être mortifiée; proportion de trois quarts de nature en pied. Une draperie bleue couvre les cuiſſes de la ſainte, & autour d'elle ſont les inſtrumens de ſa pénitence. Ce rare Tableau provient de la collection du duc d'Orléans, & ſe trouve gravé dans le recueil d'eſtampes qu'on en a fait. — Hauteur, 39 pouces; largeur, 31 pouces. T.

LE CHEVALER LIBERI.

25. L'Eſpérance qui nourrit l'Amour. Figures preſque de proportion naturelle. La droite du tableau offre cinq Amours qui voltigent & viennent à l'Eſpérance. La gauche offre des maſſes d'arbres terminées ſur la droite par un lointain. Tableau d'un faire libre & des plus agréables, & dont on feroit une belle eſtampe. — Hauteur 35 pouces, largeur 4 pouces. T.

VALERIO CASTELLI.

26. Le Frappement du Rocher. Compoſition de 14

figures, toutes de proportion naturelle, formant différens groupes variés. Ce Tableau, l'un des plus capitaux connus de ce maître, est d'un ton chaud & d'une couleur forte & brillante. Il a orné les cabinets de Grégoire Pagge, à Blaky, & du feu duc de Praslin, n.º 10 du Catalogue de sa vente. Il est fait pour marquer dans les plus belles galeries. — Hauteur 6 pieds, largeur 7 pieds 10 pouces. T.

B. Castiglione.

27 L'Adoration des Bergers. Composition de 8 figures. — Hauteur 10 pouces, largeur 10 pouces. T.

Gaufredi.

28. Un Paysage. Sur le devant est une jetée, ou chemin que l'on répare, près d'un étang, avec des branchages d'arbres. Plus loin, s'offre un côteau élevé où l'on voit diverses petites figures & des bestiaux. Tableau du beau faire de cet artiste dont les ouvrages sont rares à trouver. — Hauteur 8 pouces, largeur 10 pouces. C. Il provient du cabinet de M. Delaborde, n.º 15 de sa vente faite en thermidor an 11.

Carpioni.

29. Une Bacchanale & marche de Silene formée de 20 figures de Satyres, Faunes, Bacchantes & Enfans. Composition ingénieuse tenant de *Benedette* & de *Gérard Lairesse*. L'on rencontre de temps en temps des ouvrages de ce maître que l'on attribue à une foule de peintres différens, excepté à lui qui en est le véritable auteur. — Hauteur 30 pouces, largeur 43 pouces. T.

Menfredi.

30. La Décolation de S. Jean Baptiste. Composition de 6 figures à mi-corps. Tableau d'un beau caractère & d'une belle exécution. — Hauteur 47 pouces, largeur 56 pouces. T.

F. MOLLA.

31. La Madeleine dans le désert. Figures de petites proportions en pied. Tableau vigoureux & dans la manière du *Poussin*. — Hauteur 22 pouces & demi, largeur 18 pouces. T.

LUCAS JORDANE.

32. Un jeune Homme vu de face, les cheveux plats tombant sur ses épaules, avec collet de chemise & habit brun à bouton d'or. Cette tête est d'une belle couleur & du plus beau faire. — Hauteur 18 pouces, largeur 15 pouces. T. Elle provient de la vente de *Deshays*.

CARLE MARATTE.

33. L'Enlèvement d'Europe. Composition de 7 figures, forte nature. A gauche, sur le premier plan, trois de ses suivantes s'occupent à cueillir des fleurs & à former des couronnes & des guirlandes qu'Europe demande pour orner Jupiter changé en taureau blanc & sur lequel elle est assise. Plus loin, deux autres s'occupent aussi du même objet. A droite & dans le haut du Tableau, l'on voit l'Amour qui part tenant son flambeau. Le fond est terminé par une grande étendue de mer, des bestiaux, paysages & montagnes. Ce Tableau, l'un des plus capitaux & des plus agréables que l'on puisse voir, a été fait pour le palais de M. le marquis Foscaldi, à Naples, où M. *Lethiers*, artiste habile & rempli de connoissances, en a fait l'acquisition pour un des premiers amateurs de l'Europe, de qui je le tiens. — Hauteur 7 pieds 8 pouces, largeur 13 pieds.

GASPARO VAN VITELLI.

34. Deux Tableaux : l'un offre une Vue du château de l'Œuf, à Naples, & dans le fond à droite, le Vésuve ; sur le devant un vaisseau de guerre & quel-

ques bâtimens à la voile ; l'autre, une Vue de Rome
du Campo Vaccino, de l'Arc de Conftantin & du
Colyfée. Tableau rempli de goût, d'efprit & de la
plus grande vérité. — Hauteur 18 pouces, largeur
40. T.

GASPARO VAN VITELLI, en 1685.

35. Deux Vues : l'une du grand Lac de Venife, l'autre
du Tibre. Images vraies, rendues avec le goût &
la touche fpirituelle que l'on connoît à cet habile
maître. — Hauteur 17 pouces & demi, largeur 35.
pouces & demi. T.

ANT. CANALETTI.

36. Une petite Vue de Venife, repréfentant la maifon de cet artifte ; fur le devant font plufieurs barques à la mer. L'on fait que les vrais Tableaux de
Canaletti font rares en France ; celui-ci eft un joli
échantillon du maître. — Hauteur 13 pouces, largeur 21 pouces. T.

ROSE DE TIVOLI.

37. Deux Payfages enrichis de divers animaux, ruines
& figures ; du plus beau faire de ce maître, & qui
n'ont pas pouffé au noir comme la plupart de ceux que
l'on a de lui. — Hauteur 00 pouces, largeur 00
pouces. T.

ZUCARELLI.

38. Un Payfage riche de compofition, où l'on voit
fur le premier plan une femme qui cueille des fleurs ;
fur le devant eft un tronc d'arbre ; à droite, un
voyageur en repos, à qui une femme femble parler.
Des maffes d'arbres, des fabriques & de hautes montagnes, terminent ce Tableau, dont la lumière eft
piquante & la touche ferme & fpirituelle. — Hauteur 18 pouces, largeur 24 pouces. T.

JEAN PAUL PANINI.

39. Une riche & superbe composition des plus admirables Monumens de Rome ; à droite & sur le premier plan, s'offrent des fragmens d'architecture, & bas-reliefs antiques, près desquels s'élève sur un piédestal, l'un des vases appelé *Medicis*, se détachant sur l'Arc de Constantin & autres monumens artistement rapprochés. La gauche offre sur son pied le Gladiateur luttant ; & plus loin, le Gladiateur mourant, se détachant sur le Colysée qui est vu dans toute son étendue, avec les murs de Rome & la pyramide *Sextius*. L'on remarque encore sur les premiers plans une douzaine de belles figures groupées ou distribuées avec un goût exquis, & une quinzaine d'autres petites figures, placées sur les plans éloignés. Ce Tableau, que l'on peut citer comme l'un des plus capitaux & des plus beaux sortis du pinceau de *Panini*, fut fait dans sa plus grande force. Le feu duc *de Choiseul* ne pouvant en obtenir la cession, en fit faire une copie par M. *Robert*. Elle se trouve à Chanteloup. Nous pouvons dire que le Musée ne possède rien d'aussi beau de ce maître. — Hauteur 61 pouces & demi, largeur 80 pouces. T.

LE CHEVALIER VOLLAIRE.

40. Deux très-belles Vues, prises des *Cascatelles*, & du côté du château S.-Ange, richement ornées de figures. Il n'est aucun beau Tableau de *Vernet*, fait en Italie, avec lequel ces deux Tableaux ne soutiennent le parallèle. — Hauteur 3 pieds, largeur 4 pieds.

TABLEAUX

DES ÉCOLES

FLAMANDE, HOLLANDAISE & ALLEMANDE.

PEINTURES SUR VERRE.

41. La Vierge tenant l'enfant Jésus sur ses genoux, Tableau dans le style d'*Albert Durer*, à l'or & à la couleur ; le tout d'un genre de peinture adapté au verre & passé au feu. Morceau très-curieux, de belle conservation, & d'une grande rareté. — Hauteur 16 pouces & demi, largeur 14 pouces.

OTTOVENIUS.

42. Un buste de Vierge vue presque de face, coiffée en cheveux, & vêtue d'un manteau bleu ; Tableau d'une belle couleur & d'un pinceau moëlleux. — Hauteur 12 pouces & demi, largeur 9 pouces & demi. B.

E. V. VELDE. — 1625.

43. Une Surprise d'Infanterie par des Cavaliers & Cuirassiers, Tableau de goût & d'une touche spirituelle. — Hauteur 9 pouces & demi, largeur 17 pouces. B.

GONZALES COQUES.

44. Les Œuvres de Charité exercées par une Dame riche en présence de ses enfans, composition de 33 figures. Le devant en offre huit, savoir : cette Dame distribuant aux pauvres du pain qu'elle tient de sa main gauche, en présence de sa fille & de deux de ses fils. Elle est accompagnée d'une espèce d'Aumônier qui fouille de la main droite à sa poche pour donner de l'argent à un pauvre qui est vu à genoux, recevant un

pain, & derrière lequel est un autre à qui une suivante
passe une chemise. Le fond est occupé par une architecture vaste, qui indique un Hospice pour les voyageurs & les malades. Dans le bas & à l'entrée de la
porte, l'on voit cette même Dame secourant une
pauvre femme qui tient un enfant. Derrière elle &
debout sont deux Filles de l'hospice qui apportent des
secours. On la voit encore plus loin délivrant un Pri-
sonnier pour dette & remerciant le ciel, tandis qu'elle
fait enterrer un Indigent dans une église. Ce Tableau
rare & extraordinaire pour ce maître, peut être comparé aux beaux ouvrages de *Vandick*, par la finesse
du dessin & la délicatesse des tons; enfin la richesse
des détails en fait encore un de ces tableaux dignes
du *Muséum* ou de toute autre collection de premier
ordre. — Hauteur 6 pieds 9 pouces, largeur 9 pieds
9 pouces.

D. TESNIERS, *pastiche* DE RUBENS.

45. Un Turc vu debout en pied, la tête coiffée d'un
turban, la main droite appuyée sur une canne, ayant
l'autre bras ployé & appuyé sur sa hanche. — Hauteur
8 pouces & demi, largeur 6 pouces & demi. B.

F. SNEYDERS.

46. Un Combat de Coqs & quatre Poules qui fuient,
Tableau du beau faire de ce maître. — Hauteur 33
pouces, largeur 50 pouces. T.

PIERRE PAUL RUBENS.

47. Achille à la cour de Nicomède, riche composition
de dix figures du plus beau temps de ce grand peintre.
— Hauteur 12 pouces, largeur 9 pouces & demi. B.

PAR LE MÊME.

48. Une Sainte agenouilée & sacrifiant devant un Autel,
tandis qu'un Ange vient la couronner, étude du beau

plafond de Wittehall à Londres. — Hauteur 14 pouces
& demi, largeur 18 pouces.   B.

PIERRE-PAUL RUBENS.

49. La Vierge, l'Enfant Jésus, Saint-Ane & Saint-Jean
esquisse arrêtée d'une composition large. — Hauteur
13 pouces & demi, largeur 9 pouces.   B.

GASPARD DE CRAYER.

50. Un Rosaire, riche composition de dix-neuf figures
de grandeur naturelle. Dans le milieu du Tableau
l'on voit l'enfant Jésus élevant les bras, & soutenu sur
un linge blanc par la Vierge & un Ange debout derrière elle, tandis qu'un autre Ange porte le bas de
son manteau, de couleur bleue. Sur le devant du
Tableau, trois Moines, chefs de différens ordres,
sont à genoux, & présentent leur offrande. Dans le
haut, on aperçoit le Père Eternel & le Saint-Esprit
environné d'Anges, parmi lesquels on en voit plusieurs qui présentent les attributs de la passion. Ce
Tableau capital, & l'un des plus beaux que *Crayer* ait
produit, vient des couvens supprimés par l'empereur
JOSEPH dans les Pays-Bas. Une composition noble &
pittoresque, un dessin grand & vrai, réunis à la couleur la plus riche & la plus fine, rendent ce Tableau
digne de *Rubens* & de *Wandick*, qui n'ont rien produit de plus beau. Il est fait pour figurer un jour, soit
au Muséum, soit dans les premières galeries de l'Europe. — Hauteur 12 pieds, largeur 7 pieds &
demi. T.

PAR LE MÊME.

51. L'Assomption de la Vierge. Riche composition
de trente figures. L'on ne peut voir une plus belle
ordonnance, des plans plus pittoresques, ni des groupes mieux pensés. Une lumière éclatante éclaire
cette scène, où tout les effets de la couleur sont
employés avec la vigueur & l'harmonie la plus étonnante. Rien de plus rare que les petits Tableaux de

cet habile maître. — Hauteur 35 pouces, largeur
21 pouces & demi. B.

Jacques Jordaans.

52. Un repos en Egypte, compofition de neuf figures, de grandeur naturelle : on voit l'Enfant Jéfus
fur les genoux de la Vierge ; à droite, eft Saint Jofeph tenant Jéfus de la main gauche, & ayant dans
la droite un lys. Au-deffus de la tête de Jéfus,
eft le Saint-Efprit fous la forme d'une Colombe.
On voit encore deux Anges qui viennent apporter
des couronnes. Dans le haut, on aperçoit le Père
Éternel, porté dans des nuages par des Anges. A
la gauche du Tableau, font des maffes d'arbres. Ce
Tableau, qui vient d'une des principales églifes des
Couvens réformés par l'Empereur Jofeph, dans les
Pays Bas, eft d'une deffin correct, & d'un couleur
brillante, forte & harmonieufe. — Hauteur 12 pieds,
largeur 7 pieds & demi. T.

Par le même.

53. Deux têtes de vieillard, très-belles études, du
beau faire du maître. — Hauteur 14 pouces, largeur 21 pouces. —

J. D. de Heem.

54. Un Bouquet de fleurs, compofé de rofes blanches, de rofes grenades, d'œillets d'Indes, &c.,
noué par un ruban bleu, accroché à un clou. Tableau fin & précieux. — Hauteur 7 pouces, largeur 5 pouces. C.

Porbus.

55. Chriftine de France, ducheffe de Savoie, vêtue
dans le coftume du temps. Tableau du plus beau
faire de ce maître. — Hauteur 19 pouces &
demi, largeur 16 pouces & demi. T.

ART.

ART. VANDER NEER.

56. Un Clair de lune. On voit une rivière fur laquelle font deux Bâtimens ; & fur la droite, une
Barque de Pêcheurs, occupés à relever leurs filets. Tableau tranfparent, & d'une belle harmonie.
— Hauteur 17 pouces & demi, largeur 24 pouces
& demi. B.

BARTOLET FLAMÉEL.

57. Un Guerrier venant confulter l'oracle dans le
Temple d'Hercule. Riche compofition de 28 figures.
Tout le premier plan, à gauche, eft occupé par
un orcheftre très-confidérable, que dirige un homme
vu par le dos, & couronné de laurier, tandis que
le feu facré brûle fur l'autel d'Hercule. Cette fuperbe compofition eft digne, par fon ftyle & fa
fageffe, des belles productions de N. *Pouffin*. Il
n'y a rien d'auffi capital de ce maître au Muféum.
— Hauteur 34 pouces & demi, largeur 48 pouces. T.

F. VAUTERS.

58. La Mort d'Adonis. On le voit mourant, foutenu
par Vénus éplorée, ainfi que l'amour qui eft appuyé fur elle. Sur la droite & au pied d'un arbre
élevé, font trois chiens en repos. Le fond eft terminé par un Payfage. Ce Tableau, d'une couleur
admirable, offre toute la fineffe & la belle manière
d'Antoine *Vandick*. — Hauteur 15 pouces & demi,
largeur 10 pouces & demi. B.

FRANÇOIS MIERIS.

59. Le Portrait d'un perfonnage de diftinction, vu de
trois quarts, portant cheveux plats & tombant,
avec large rabbat de dentelle. Il eft vêtu de noir,
& de fa main droite, qui eft gantée, il retrouffe fon
manteau. Ce Tableau, du plus beau faire de cet
habile maître, eft un échantillon d'un Tableau de très-

grand prix. Il vient du précieux cabinet de *van Leyden*, n.º 60 du Catalogue de sa vente, de forme ovale. — Hauteur 6 pouces, largeur 4 ponces. **C.**

JEAN WINANTS & ADRIEN VANDEN VELDE.

60. **La Vue d'une pleine campagne.** Sur la gauche plusieurs arbres forment un Bouquet ; & du côté opposé, est un chemin sablonneux, où l'on remarque un pauvre qui demande l'aumône à un cavalier, monté sur un cheval blanc. Plus loin, sur la gauche, se présente un charriot couvert avec son conducteur, & quelques autres petites figures ; le fond de la campagne est enrichie de plans variés, de masses d'arbres & fabriques ; le tout éclairé par un ciel chaud & brillant. Ce petit Tableau, que l'on peut regarder comme l'un des plus parfaits de ce maître, offre ces tons argentins, cette touche légère, & cette grande vérité, dont *Karel Dujardin* a été le modèle. Il provient, en dernier lieu, de la vente de feu M. de Saint-Martin, n.º 19 du Catalogue de sa vente, vendu 901ᶠ.

PAR LE MÊME.

61. **La vue d'un Parc**, près d'un Palais. La droite du premier plan offre un chapiteau de colonne groupé de plantes, de fleurs & de fruits. La gauche offre l'entrée d'une construction en marbre, ornée de vases & piédestaux, & sur le devant de plantes, de soleils & de Coquelicots. L'on remarque, dans une avenue droite, un cavalier donnant la main à une dame ; ils sont précédés d'un chien, nombre de personnages, & la porte du parc se remarquent dans le fond. Tableau d'un genre agréable & d'un belle exécution. — Hauteur 29 pouces & demi, largeur 24 pouces & demi.

J. B. WÉENINX.

62. **Une vue des environs du port de Gênes**, riche

compofition, où l'on voit, fur la droite, un cavalier monté fur un cheval pommelé, accompagnant
uue dame à cheval; ils font fuivis de leurs valets
de pieds & de leurs chiens. Le milieu du Tableau
eft occupé par un homme conduifant deux mulets
chargés. Près d'eux, une femme portant un paquet
fur fa tête, conduit un troupeau de chèvres. Plus
loin & le long du rivage de la mer, l'on remarque
beaucoup de piétons, de voitures, & de cavaliers,
une galère & d'autres bâtimens à la mer. La droite
offre, fur une grande hauteur, des fortications &
un château fort. — Hauteur 3 pieds 10 pouces,
largeur 5 pieds. T.

Ce Tableau, l'une des plus riches compofitions
de ce maître, a été peint au premier coup.

J. LAYP. & NICOLAS BERCHEM.

63. La vue d'un fite d'Italie. Il offre, fur la gauche,
les ruines de la Grotte de la Nympes Egerie, là
& fur le devant, font une table & des bancs de
pierre, où fe repofent deux voyageurs, auxquels
un homme fortant de la porte d'une auberge ap-
porte une bouteille de vin. Ces ruines font couronnées d'arbuftes ; & plus loin, derrière,
font de grands arbres. Cette première partie du
Tableau eft peinte par *Layp*, & non par *Pierre
de Laar*, ni par *Jean Wils*, comme il eft in-
diqué au Catalogue de *Van Leyden*, n.º 111. L'autre
partie, formant le devant, & de la plus belle manière, de la touche la plus précieufe de *Nicolas
Berchem*, préfente un cavalier monté fur un cheval
blanc, tenant un verre de vin que vient de lui
apporter une jeune fervante. A la droite du chemin, un payfan, chargé d'un paquet, fe repofe ;
près d'eux, l'on voit deux chiens ; plus loin, dans
le fond & en demi-teinte, fur des montagnes, qui
terminent le fond, fe découvre un homme monté
fur fon mulet, un autre voyageur & un chien qui
l'accompagne. Ce rare & précieux Tableau réu-
nit, à l'afpect, le plus agréable, une vigueur &

un piquant de lumière rare & difficile à rencontrer. — Hauteur 10 pouces 8 lignes, largeur
13 pouces 10 lignes. C.

NICOLAS BERCHEM.

64. Un Paysage du beau faire de ce maître. On y
remarque, sur le devant, une femme vêtue d'un
corset bleu & d'une jupe rouge, montée sur un
mulet, dont un Pâtre rajuste la selle. Elle est
précédé d'une chèvre, d'une vache rousse, & d'un
chien. Derrière elle, sont un âne chargé de ses
panniers, une vache blanche & un mouton. Plus
loin, en demi-teinte, l'on voit un Pâtre & son
chien. Une masse de bâtimens occupe la droite,
des masses d'arbres & montagnes élevées termine le
fond. Ce précieux Tableau est du plus bel accord.
— Hauteur 13 pouces & demi, largeur 18 pouces. B.

PAR LE MÊME.

65. Un Paysage où l'on voit, sur le devant, trois
bœufs, dont un blanc, taché de noir, vient en
bondissant, la tête baissée contre un autre de couleur rousse, qui se tourne pour l'éviter ; ils se jouent
ainsi dans un gué qui occupe le devant, un fond
montagneux & brillant termine ce Tableau fait en
Italie, & qui est des plus agréables & des plus piquans. — Hauteur 10 pouces, largeur 12 pouces. B.

BARTHOLOMÉ VANDER HELST.

66. Le Portrait d'un homme, de proportion naturelle,
vu à mi-corps, presque de face. Il a le bras droit
appuyé sur un pan de rideau, tombant sur un socle
de pierre, & la main pendante, le bras gauche est
ployé sur sa hanche, & la main gantée ; il porte
les cheveux tombans, bouclés par le bas, avec un
large rabat. Il est vêtu d'un juste au corps, & d'un
large manteau noir. Le fond, à gauche, est oc-

cupé par un rideau, & la droite par des mafſes
d'arbres.

Il eſt difficile de voir rien de plus vrai d'une
auſſi belle couleur & d'un faire plus moëlleux. C'eſt
un chef-d'œuvre de l'art, & un ſuperbe modèle pour
les Peintres de portraits. — Hauteur 33 pouces,
largeur 29. T.

ANDRÉ BOTH.

67. Ce Tableau repréſente une ſcène des rues de
Rome. La droite préſente des mendians, dont quel-
ques-uns placés devant l'étal d'un marchand de li-
quides, & ſur la gauche, un payſan monté ſur
un âne. Le fond ſe termine par la vue du Colyſé &
autres monumens. Ce Tableau, éclairé par un ciel
chaud, eſt d'une belle couleur, & rappelle les
belles figures qu' *André Both* mettoit dans les Tableaux de ſon frère *Jean.* — Hauteur 19 pouces, largeur 14 pouces. T.

HAKKERT & ADRIEN VANDENWELDE.

68. Une vue pittoreſque d'Italie. La droite eſt occupée par une maſſe vigoureuſe de roches, élevées
& couronnées d'arbres & d'arbuſtes. Dans le milieu, ſur le devant, un voyageur vu par le dos, &
aſſis regarde paſſer une laitière portant ſur ſa tête ſon
pot de cuivre. Un homme vêtu de ſon manteau
jaune l'accompagne. En demi-teinte, ſur la gauche,
un homme vu par le dos ſatisfait un beſoin, des
arbres s'élèvent au-deſſus de lui. Sur la gauche du
chemin, ſe fait remarquer une élévation ſurmontée
d'un tombeau antique. Des montagnes lumineuſes &
un ciel frais & brillant rappellent les belles mat-
nées de *Claude Le Lorain.* Ce précieux Tableau,
peint en Italie, eſt un des beaux de ce maître. —
Hauteur 14 pouces & demi, largeur 20 pouces 3
lignes.

MOUCHERON ET ADRIEN VANDENWELDE.

69. L'aſpect d'un Parc où l'on voit un Cavalier qui

vient au-devant d'une Dame, tandis que trois autres perfonnages, affis fur un banc de pierre, font de la mufique. Dans le fond, un Homme & une Femme vus par le dos fe promènent; des arbres élevés, un vafe de marbre fculpté & pofé fur un piédeftal, & un oranger terminent ce fond. Un rayon de jour qui frappe fur le devant du Tableau lui donne un effet piquant. Les figures peintes par *Vandenwelde* font admirablement traitées. — Hauteur 17 pouces, largeur 14 pouces 9 lignes. B.

H E R M A N S W A N E V E L D T.

70. Un très-beau Payfage éclairé par un ciel chaud. A droite, fur le devant, l'on remarque une Payfanne qu'un Pâtre vêtu d'une peau de mouton accompagne, & plus loin, deux hommes affis fur une monticule qui domine une rivière. La gauche offre une grande peloufe coupée d'un chemin où l'on diftingue, en demie teinte, un Payfan conduifant fon âne & un Pêcheur à la ligne. Un rayon de foleil frappe l'extrémité de cette peloufe, couverte de moutons épars. La droite eft occupée par des maffes de grands arbres d'un beau feuillé & de beaux lointains. Ce Tableau eft digne de faire le pendant d'un beau *Claude Le Lorain*, auquel il ne le cède en rien. — Hauteur 28 pouces, largeur 35 pouces & demi. T.

G É R A R D L A I R E S S E.

71. Le rachat d'un Efclave. L'on voit un jeune homme affis & enchaîné, le corps prefque nu, la tête de profil & enveloppée d'un mouchoir rayé, le regard abattu, tandis qu'un Vieillard miffionnaire, vêtu d'un blanc grifâtre, vient payer fa rançon à une efpèce de corfaire qui le regarde en recevant fon argent compté fur une table de pierre. La droite offre un autre jeune homme attentif, qui paroît guetter l'ordre d'ouvrir le cadenat dont il tient la clef. Ce fuperbe Tableau, dont les figures font de grandeur naturelle, peut, à

jufte titre, être regardé comme l'un des plus beaux
ouvrages de *Lairesse*, par une compofition grande,
des ajuftemens heureux, une harmonie brillante, &
un faire large & facile. En un mot, c'eft un de ces
Tableaux claffiques & de premier ordre. — Hauteur
66 pouces, largeur 50 pouces. T.

PAR LE MÊME.

72. Le Commerce environné de la Paix & de l'Abondance. Dans le fond font la ftatue de Mercure & des
navires à l'ancre. Ce Tableau capital eft du beau faire
de cet habile maître. — Hauteur 4 pieds 8 pouces,
largeur 4 pieds 4 pouces. T.

PHILIPPE DE CHAMPAGNE.

73. Un Naturalifte du feizième fiècle. Il eft repréfenté
debout, de proportion naturelle, & à mi-corps, vu
de trois quarts, portant cheveux plats & calotte,
avec rabat & gland au col, vêtu d'une vefte, d'un
manteau noir retrouffé fur fes bras, qu'il foutient de
la main droite, tandis que de la gauche il tient une
orange. Le fond offre un Payfage où l'on voit quelques arbres, & à droite un lointain. Nul artifte n'a
approché la nature de plus près avec des moyens fi
fimples. *Champagne* femble avoir atteint le fublime
de fon art. Quoique nous foyons accoutumés à voir
des productions admirables de ce maître, nous ne
pouvons nous empêcher de mettre celle ci au rang
des plus précieufes, & nous efpérons que le public
confirmera notre opinion. — Hauteur 34 pouces,
largeur 27 pouces. T.

PAR LE MÊME.

74. Le Portrait d'un Homme d'état du temps de cet
habile maître. Il eft vu de trois quarts & à mi-corps,
les cheveux bouclés & tombant fur les épaules, portant des mouftaches, vêtu de noir, & la main gauche
appuyée fur un livre placé fur une table couverte

d'un tapis. Il eſt difficile de voir rien de plus moel-
leux & de plus vigoureux de cet habile maître. —
Hauteur 28 pouces, largeur 20 pouces.   T.

PHILIPPE DE CHAMPAGNE.

75. Un Portrait d'Homme vêtu d'un habit noir, à
manches crevées, portant cheveux gris & petite
mouſtache, avec rabat garni de dentelles ; Tableau
d'une grande vérité. — Hauteur 23 pouces, largeur
18 pouces & demi.   T.

FERDINAND BOL.

76. L'intérieur d'un Appartement où l'on voit une jeune
Femme aſſiſe devant ſon miroir placé ſur une table
couverte d'un tapis vert, à franges d'or. Il y a encore
un ciſtre & un cahier de muſique. Cette femme s'occupe à ratacher ſa boucle d'oreille, & a la tête ornée
d'une plume. Sa robe eſt de ſatin jaune, avec un riche
manteau retrouſſé ſur ſon fauteuil. A droite, ſur le
devant, l'on voit un manteau rouge ſur une chaiſe &
une baſſe derrière, ainſi qu'un rideau vert, derrière
lequel eſt une croiſée ouverte qui éclaire le tout. Ce
fin & précieux Tableau offre toutes les beautés de
Rembrand, maître de *Ferdinand Bol*. — Hauteur
12 pouces, largeur 13 pouces & demi.   T.

LÉONARD BRAEMER.

77. La Mort de Pirame & Thisbé, compoſition de ſix
figures ; tableau d'un bel effet & d'une touche piquante. Il provient du cabinet de feu M. Collet,
chevalier de Saint-Michel. — Hauteur 14 pouces &
demi, largeur 21 pouces.   B.

ROCH MANCE, *élève de* REMBRAND.

78. Un Payſage d'une vaſte étendue, coupé de montagnes & de rivières, enrichi de murailles, tourelles,
partie de village, maſſe de bois & plaines couvertes

de beſtiaux & de petites figures. Le plan de devant
offre un chemin où l'on voit deux Capucins-voyageurs,
une Femme & un Enfant, conduiſant un âne, & accompagnés d'un chien. Ce Tableau, éclairé par un
ſoleil couchant, eſt plein d'harmonie, & l'effet du
clair obſcur eſt parfaitement rendu. — Hauteur 23
pouces, largeur 29 pouces. T.

J. KONINCK.

79. Une Vue des environs de *Harlem*, priſe de deſſus
une hauteur. Le devant eſt occupé par un chemin
creux où l'on voit un Homme chargé qui ſe repoſe,
tandis qu'un autre deſcend dans un vallon ; des maſſes
d'arbres, quelques maiſons ruſtiques, & l'aſpect d'un
village terminé par des rivières qui ſerpentent à travers un pays plat. Ce Tableau, d'une belle couleur, eſt
d'une harmonie digne de *Rembrand*, à qui l'on attri-
buoit autrefois les productions de ce maître. Voyez ce
que nous en avons dit, tome 2, page 17, dans notre
Traité des Peintres hollandais, &c. — Hauteur 13
pouces, largeur 20 pouces. T.

S. DEVOS.

80. Une Tête de Nègre d'une expreſſion riante. Il eſt
coiffé d'une draperie blanche. Tableau d'une belle
couleur & d'une touche tranſparente. — 3 pouces &
demi de diamètre, bois de forme ronde.

VAN KESSEL.

81. Deux Tableaux repréſentant des ſujets des fables
de Lafontaine, tels que les Lapins, le Bœuf & la
Grenouille, le Rat & l'Huitre, &c. — Hauteur 5
pouces, largeur 7 pouces. C.

BARTHOLOMÉ BRÉENBERG.

82. Un Payſage où l'on voit à gauche, ſur une hauteur
placée ſur le devant, un Pâtre gardant trois vaches,
tandis que l'on voit la Vierge, Saint-Joſeph & Jéſus

qui fuient en Egypte. La droite eft occupée par une rivière, des ruines de monumens & des montagnes. — Hauteur 11 pouces, largeur 19 pouces & demi. B.

A D R I E N   V A N   O S T A D E.

83. L'intérieur d'une Chambre de Payfan, où l'on voit fur le devant trois hommes affis autour d'un banc & jouant aux cartes. Différens acceffoires enrichiffent ce Tableau précieux qui fe trouve gravé en manière noire par *Grenwode*. Nous ne nous étendrons pas fur l'harmonie & la couleur qui ont placé ce maître au premier rang de l'école hollandaife, il nous fuffira de dire que le Tableau eft capital & de fon beau faire. — Hauteur 12 pouces & demi, largeur 10 pouces & demi.   T. collé fur bois.

J.   S.   V A N   O S T A D E.

84. Un Hiver : l'on remarque fur le devant plufieurs hommes occupés à abattre un arbre dépouillé de fes feuilles, près de deux autres ; plus loin, fur la gauche, deux chevaux dételés & une voiture de payfan ; la droite offre un canal glacé où font des barques, plus loin un traîneau qui enfonce dans la glace ; & derrière, des maifons. Ce Tableau piquant & d'une touche fine, eft auffi d'une riche compofition. — Hauteur 16 pouces & demi, largeur 23 pouces. B.

F.   H A L S.

85. Un Payfan efpagnol, tenant entre fes mains un flacon de liqueur & riant ; il a la tête couverte d'une toque rouge ornée d'une plume blanche. Ce Tableau, touché avec efprit & annonçant une connoiffance profonde de l'art, eft comparable aux plus belles productions de *Brauwer*. — Hauteur 16 pouces, largeur 13 pouces. B.

F R A N C I S Q U E M I L É.

86. La Vue d'une belle Campagne d'Italie, où l'on
remarque à droite & sur le premier plan, un voyageur assis aux pieds de grands arbres ; plus loin,
un grand lac, sur le devant duquel on voit trois
baigneurs, & sur le chemin, une femme portant
un paquet sur sa tête ; plus loin & au pied d'une
montagne, des bâtimens d'un grand style se trouvent coupés par un jeune arbre, dont les feuilles
légères ont déja jauni. Ce fin & précieux Tableau
est digne de *Nicolas Poussin*, & peut-être la couleur
en est-elle plus riche & plus piquante. C'est un des
meilleurs de cet habile maître. — Hauteur 16 pouces,
largeur, 18 pouces & demi. T.

P A R L E M Ê M E.

87. Une Vue d'Italie ; Paysage peint d'après nature,
sur papier, & orné de petites figures. Tableau charmant pour les amateurs. Il est de forme ronde. —
Diamètre 7 pouces & demi.

B R E K E L E N - K A M P.

88. L'Intérieur d'une Chambre où l'on voit trois
hommes & une femme qui montre à l'un d'eux
son brelan d'as. Tableau rempli de vérité & d'un
bel effet. — Haut.^{r} 20 pouces, larg.^{r} 29 pouces. B.

S A L O M O N R U Y S D A A L.

89. Une Vue des environs de la Meuse. On remarque
à gauche & sur le devant deux barques de pêcheurs
qui retirent leurs filets de l'eau, tandis qu'une autre
petite barque passagère est à la voile. De jolis lointains de pays plats, une église & quelques barques
à la voile, terminent ce charmant Tableau, qui est
clair, brillant & du plus beau faire du maître. —
Hauteur 16 pouces, largeur 22 pouces. B.

M.ʳ MICHEL, *d'après* J. RUYSDAAL.

90. Un riche Paysage orné sur le devant, d'un torrent, d'arbres renversés, de riches plaines de blé; & sur la gauche, d'un chemin où l'on remarque un Charriot hollandais. Il est difficile d'approcher de plus près l'original. — Hauteur 23 pouces, largeur 27 pouces. B.

L. D. BACKUYSEN.

91. Une Vue des environs de la Meuse. On y distingue six à sept barques & bateaux de passage; à droite sur l'horizon, un vaisseau de guerre; & sur la gauche, l'aspect d'une ville éclairée par un rayon piquant de lumière. La mer est houleuse & le ciel orageux. Ce Tableau est fin, & présente un accord parfait. — Hauteur 18 pouces, largeur 24 pouces & demi. T.

SAFT-LEVEN.

92. La Vue intérieure d'une Cuisine de paysan, remplie de diverses ustensiles, tels que tonneau, baquets, pots de cuivre, de terre, &c.; sur la droite est un canard près de son auge; dans le fond on voit un homme qui fume sa pipe près d'une cheminée. Tableau riche de couleur & d'une belle transparence. — Haut.ʳ 11 pouces, larg.ʳ 14 pouces. B.

JEAN STEEN.

93. Une jeune Femme assise sur un coussin placé sur les marches du perron de son jardin, & occupée à racommoder son bas, tandis qu'un homme, sur l'appui du mur, joue de la flûte; la droite du Tableau offre un pot d'œillets & un fond de paysages; la gauche, l'entrée d'une maison & un chien qui aboie. Tableau d'un genre gracieux & plaisant. — Hauteur 18 pouces & demi, largeur 24 pouces. T. collée sur bois.

(29)

V A N D E R   M É E R, *de Delft.*

94. L'Intérieur d'une Chambre, où l'on voit un jeune
homme affis, vêtu de noir dans le coftume efpagnol,
écrivant une lettre fur une table couverte d'un tapis de Turquie, placée devant une croifée ouverte ;
dans le fond, fur la muraille, l'on voit un tableau
repréfentant un payfage & des animaux, qui fem-
blent être de *Vanderdoes.* Une lumière ferme &
piquante, & une couleur riche, rappellent les beaux
ouvrages de G. *Metzu.* (Voyez ce que j'ai dit de
ce maître, tome II, page 49, dans ma Galerie
des peintres hollandois & flamands, &c.) Quelques
perfonnes ont attribué ce Tableau à *Pierre de
Hogger.* — Haut. 20 pouc., larg. 15 pouc. & demi.

T H O M A S   W Y C K.

95. L'intérieur d'un laboratoire de chimifte. On le
voit la tête appuyée fur le poing droit, obfer-
vant attentivement un liquide qui eft dans une
bouteille. On fait avec quel goût & quel art cet
habile maître a traité ces fortes de fujets. Ce Tableau a beaucoup de reffemblance avec celui que
nous avons fait graver, tome 1, page 45 de notre
Galerie des Peintres flamands, hollandais, &c. —
Hauteur 18 pouces & demi, largeur 16 pouces &
demi. T.

V A N   R O M E Y N.

96. Une Prairie où l'on remarque douze différens
animaux, & une montagne élevée fur la gauche. —
Hauteur 14 pouces & demi, largeur 18. B.

A.   V A N D E R W E R F.

97. Une Étude en grifaille, pour fon tableau d'Adam
& Eve. Il n'y a que la figure d'Adam, qui eft vu
affis, & tout le haut en demi-teinte. — Hauteur
15 pouces, largeur 11. B.

ERNEST DIÉTRICCI.

98. La Fuite en Égypte, fujet de 4 figures repré-
fentées à l'effet de la nuit ; la Vierge, drapée d'un
manteau bleu, & tenant dans fes bras, l'Enfant-
Jéfus endormi, eft montée fur un âne que conduit
S.-Jofeph. Un Ange les accompagne, & porte un
flambeau qui éclaire ce groupe ; la Vierge eft de
la figure la plus agréable, & porte avec elle le
caractère de virginité qui lui convient. Ce Tableau
eft de la plus grande fineffe, & d'une exécution
admirable ; le clair obfcur y eft bien obfervé, &
fans doute qu'un faire facile & brillant le fera dif-
tinguer comme une de ces productions piquantes
où le maître s'eft plu à montrer tout fon talent. —
Hauteur 23 pouces, largeur 19. T.

ÉCOLE FRANÇAISE.

JACQUES BLANCHARD. 1622.

99. S.-Jérôme vu de proportion naturelle, & à mi-
corps, en contemplation devant une croix ; il a la
tête appuyée fur fa main gauche, & le coude fur
un livre ouvert placé devant lui. Son corps eft
enveloppé d'une draperie d'un rouge - brun. Ce
Tableau, l'une des belles productions de ce maître,
qui fut furnommé *le Titien français*, eft d'une
légèreté de couleur étonnante, & d'une touche qui
honore l'école françaife. Ce Tableau a déjà été jugé
digne du Muféum. — Hauteur 4 pieds 4 pouces,
largeur 3 pieds 4 pouces. T.

PAR LE MÊME.

100. Le Portrait du *Quefnoy*, dit *François Flamand* ; il a la tête couverte d'un chapeau gris,

orné de plumes, portant un large rabat brodé, vêtu
d'un habit gris & d'un manteau rouge. Il tient de
la main droite l'*Antinoüs*, qu'il montre de la
gauche : Tableau bien composé, d'une riche couleur & d'un bel accord. C'est à tort que l'on a
gravé ce portrait assez grand, en Angleterre, comme
étant celui du père de *Charles Lebrun*, & fait par
lui. — Hauteur 31 pouces & demi, largeur 24
pouces & demi. T.

BOURGUIGNON. (Jacq. Courtois, dit le)

101. Une Bataille de Turcs & de Cuirassiers, composition riche, pleine de feu & de chaleur, & de
la touche la plus franche. Il seroit difficile de trouver
un Tableau de ce maître plus capital & plus beau.
— Hauteur 36 pouces, largeur 48. T.

LENAIN. 1643.

102. La Madelaine dans le désert, assise à terre en
contemplation devant le crucifix, figure de proportion naturelle. Il est difficile de voir rien de plus
vrai & d'un plus bel effet. — Hauteur 39 pouces,
largeur 50. T.

PAR LE MÊME.

103. Le Portrait d'un Cardinal, vu presque de face,
la tête couverte de son chapeau rouge, avec collet
blanc & vêtu de son camail. Cette tête admirable
est d'une vérité surprenante, & d'une délicatesse
de pinceau, qui ne laisse rien à désirer. — Hauteur
30 lignes, largeur 24. Sur cuivre de forme ovale.

LUBIN BEAUGIN.

104. Le Supplice d'Olinde & Sophronie, sujet tiré de
la Jérusalem délivrée du *Tasse*, proportion demi-
nature. Tableau d'un style élégant. — Hauteur 60
pouces, largeur 39, de forme ovale. T.

JACQUES STELLA.

105. Pſyché & l'Amour. On la voit ſur le devant d'un lit d'étoffe d'or, & endormie, tandis que l'Amour ſemble s'éveiller. Cette précieuſe compoſition eſt due à Raphaël. Stella a couvert les figures de draperie, & n'a pris que la grâce du ſujet. On ne peut pas voir un pinceau plus ferme, ni une couleur plus harmonieuſe. — Hauteur, 4 pouces 3 lignes, largeur, 6 pouces, ſur ardoiſe.

STELLA, *d'aprés* N. POUSSIN.

106. Laban envoyant par ſes ſerviteurs des préſens à Rachel. Compoſition de 14 figures, dont l'original eſt au Muſéum. Si l'original n'étoit pas connu, & que l'on ſût que *le Pouſſin* ſe ſût répété, l'on ne pourroit douter que ce tableau ne ſût de la main de ce grand peintre, tant cette copie eſt admirable & ſatisfaiſante. — Hauteur, 44 pouces & demi ; largeur, 74 pouces. T.

LE MAIRE POUSSIN.

107. Des Monumens d'architecture grecque, où l'on voit ſur le devant Paſiphaé accompagné de ſes ſuivantes, & appuyée ſur le taureau Marathon. Elle fait conſtruire une vache qu'un ſculpteur eſt occupé à achever. Pluſieurs figures enrichiſſent cette compoſition, qui eſt d'un ſtyle noble & d'un ton argentin. Il fut vendu à la vente de mon cabinet, en avril 1791, ſous le n.° 167, pour 404 liv. à M. Conſtantin. — Hauteur, 42 pouces ; largeur, 54. T.

GASPARD POUSSIN.

108. Un beau Payſage, ſite des environs de Rome, enrichi de Fabriques. L'on remarque un Homme aſſis ſur le bord d'un chemin. Tableau d'une belle touche, & de la belle manière de ce maître, dans lequel l'impreſſion rouge n'a pas pouſſé. — Hauteur 17 pouces, largeur, 24. T.

EUSTACHE

E U S T A C H E L E S U E U R.

109. Un Tableau offrant la Charité, repréſentée par une Femme aſſiſe, diſtribuant du pain à deux enfans, nus placés à ſes côtés, l'un debout, & l'autre à genoux. Ce Tableau, d'une ſimplicité noble, vient de la chapelle de M. *Turgot*. — Hauteur, 43 pouces; largeur, 32 pouces. B.

P A R L E M Ê M E.

110. Tobie aveugle, ſur la porte de ſa maiſon, tendant les bras à ſon fils, dont il reconnoît la voix. Ce jeune homme eſt accompagné de l'Ange qui va lui indiquer le poiſſon dont le fiel doit faire recouvrer la vue à ſon père. — Hauteur, 34 pouces; largeur, 60 pouces. B.

Ce beau Tableau, vu en plafond, d'une compoſition ſage, d'un deſſin pur, & d'une expreſſion douce, étoit dans le cabinet de M. *Walelet*, & fut vendu ſous le n.º 2 du catalogue de ſa vente, 800 liv. T.

P A R L E M Ê M E.

111. Bacchus débarquant dans l'île de Naxos. Ariane eſt ſur la gauche, endormie, & l'Amour levant une draperie, découvre Ariane aux regards de Bacchus étonné. Tableau de cabinet, rare & précieux, de forme ronde. — Diamètre, 24 pouces. T.

P A R L E M Ê M E.

112. Le portrait de quelque ſculpteur du temps, vu juſqu'aux genoux, vêtu d'un manteau violet doublé de bleu, aſſis dans un fauteuil, la main gauche appuyée, & indiquant de la droite. L'on ne peut rien voir de mieux drapé, ni de mieux ajuſté. — Hauteur 15 pouces & demi ſur 12.

D'après L E S U E U R, *par* S U B L E Y R A S.

113. Une belle copie de la Prédication d'un damné C

où S. Bruno eſt préſent. Cauſe de l'origine de cet
Ordre. Premier tableau de cette belle ſuite de la
vie de S. Bruno. — Hauteur, 5 pieds 11 pouces,
largeur, 3 pieds 11 pouces.

SÉBASTIEN BOURDON.

114. L'Intérieur d'une Maiſon de payſan, au milieu
de laquelle on voit une table placée ſur un tonneau,
entourée d'une femme aſſiſe, vu de profil, tenant
un verre de vin; à ſa droite, un petit garçon à
qui un vieillard ſemble parler, & ſe diſpoſant à
couper de la viande qui eſt dans un plat; derrière
eux, un grand garçon debout, tenant une cruche.
A droite & ſur le premier plan, une fontaine de
cuivre rouge, un chaudron de cuivre jaune, une
botte de poireaux, pluſieurs plats & aſſiettes d'étain,
ſceaux, balets & torchons, placés ſur le devant d'un
puits en briques. Nombre d'acceſſoires pitoreſques &
piquans concourent à la richeſſe & à la perfection
de ce tableau, l'un des plus beaux connus en ce
genre. Il a paſſé dans pluſieurs cabinets célébres,
notamment dans celui de M. Trouart, contrôleur
des bâtimens du roi, n.º 13 du catalogue de ſa
vente, faite en 1779. *Oſtade* n'a rien produit de
plus harmonieux ni d'un effet plus piquant. — Hauteur 13 pouces & demi, largeur, 18 pouces. T.,
enlevé de deſſus bois.

PAR LE MÊME.

115. La Manne dans le déſert. Riche compoſition de
29 figures principales. On remarque, au milieu du
Tableau, Moïſe, Aaron qui invoque le ciel avec
ſa baguette, & divers groupes variés. Une grande
étendue de pays & quelques petites figures enrichiſſent encore ce Tableau, du premier faire de ce
maître & d'un ton argentin & léger. — Hauteur
24 pouces, largeur 39 pouces. T.

PAR LE MÊME.

116. Le Portrait du maréchal de Maſſillac, de pro-

portion naturelle & à mi-corps. Tableau d'un ton
argentin & d'une touche facile & légère. — Hauteur 3 pieds & demi, largeur 2 pieds & demi.   T.

BAPTISTE & SÉBASTIEN BOURDON.

117. Un Vase de porcelaine bleu-lapis, monté en
bronze doré, rempli de roses, pavots & autres
fleurs. Deux bas-reliefs en grisailles, dont le Triomphe
dans un char est exécuté par *le Bourdon*. — Hauteur 28 pouces & demi, largeur 38 pouces. T.
Les vrais Tableaux de chevalet par *Baptiste* sont
très-rares maintenant à rencontrer, la plûpart ayant
passé en Angleterre. Celui-ci peut être regardé
comme l'un des plus beaux. Il provient du cabinet
de M. *Lollier*, n.°

PIERRE PUJET.

118. L'Adoration des Bergers, composition de dix
figures; Tableau non terminé. C'est le dernier qu'il
ait fait. Ses peintures sont fort rares, & l'on y remarque la belle manière de peindre du *Guide*. —
Hauteur 7 pieds 8 pouces, largeur 5 pieds 2 p.

CHARLES LEBRUN.

119. Jupiter & Antiope, accompagnés de l'Amour.
Figures de grandeur naturelle. Ce Tableau capital
est du plus grand intérêt par sa belle composition,
par sa couleur vigoureuse, & rappelle les chef-
d'œuvres de l'Italie dont Lebrun, ce vaste génie,
s'étoit pénétré. — Hauteur 4 pieds, largeur 5
pieds. T.

PAR LE MÊME.

120. St Jean l'Evangéliste dans l'île de Patmos,
assis sur son aigle. Le fond est terminé par une grande
roche, des arbres & un fond de mer. Ce Tableau
capital, du plus grand style & d'une expression
admirable, provient de la chapelle de Choisy & sut

vendu à la vente de *Nelle*. — Hauteur 6 pieds, largeur 5 pieds. T.

CHARLES LEBRUN.

121. La Converfion de S.ᵗ Paul. Compofition de 11 figures. — Hauteur 18 pouces, largeur 12 p.ᶜᵉˢ T. Efquiffe arrêtée d'une belle conception.

NICOLAS MIGNARD.

122. Les quatre Saifons, compofition de huit figures, venant de la chambre à coucher de Louis XIV au Tuileries. L'on voit dans le milieu Apollon affis fur un fiége d'or fait à l'antique, tenant d'une main fa lyre & de l'autre le plectre avec lequel on touche les cordes. Il eft environné du zodiaque, & derrière lui, dans le bas, l'on aperçoit de belles filles qui attèlent fes chevaux à fon char ; au-deffous les quatre Saifons figurées par quatre femmes, &c. Il faut lire la defcription de ce plafond dans *Felibien*, tome 4, pages 223 à 228, où il en fait l'éloge le plus pompeux & vraiment digne de ce chef-d'œuvre qui fut vendu à la vente de Nelle. — Hauteur 69 pouces, largeur 110 pouces. Il eft peu d'appartemens où l'on ne puiffe le placer.

PIERRE MIGNARD ROME.

123. Saint-Charles Boromée, commⁿniant les peftiférés dans l'hôpital de Milan, compofition capitale de 18 figures. Il fe trouve gravé par de Poilly à Rome, où *Mignard* a changé dans l'eftampe les bras du Saint-Charles, pour qu'il ne donne pas la communion de la main gauche. Ce Tableau précieux appartenoit jadis à l'archevêque de Vintimille. C'eft avec de tels Tableaux que l'on peut répondre aux détracteurs de l'école françaife. Compofition fage, expreffion, deffin d'un beau caractère, couleur forte & harmonieufe ; toutes les qualités de l'art font portées à un tel point, dans ce Tableau, que les uns le prennent pour

un *Dominiquain*, les autres pour un *Carrache*, &c.
Ce Tableau est digne de figurer dans le Musée avec
honneur, étant un des plus précieux de chevalet que
Mignard ait faits. — Hauteur 45 pouces & demi,
largeur 32 pouces & demi. T.

PIERRE MIGNARD.

124. Le portrait d'un Guerrier du dix-septième, monté
sur un cheval blanc. Le fond offre un Paysage. Joli
Tableau, d'une belle couleur. — Hauteur 23 pouces
& demi, largeur 17 pouces & demi. T.

CH. LAFOSSE.

125. Le Jugement de Midas, composition de 8 figures;
Tableau d'un grand effet, d'une belle couleur, &
vraiment classique pour une belle galerie française.
— Hauteur 7 pieds 4 pouces, largeur 4 pieds &
demi. T.

PAR LE MÊME.

126. Le Mariage de Sainte-Catherine. L'Enfant Jésus
est assis sur la Vierge qui le présente à cette Sainte;
figures vues à mi-corps. Tableau d'une couleur digne
du *Georgion* & du *Titien*. — Hauteur 6 pouces
3 lignes, largeur 8 pouces & demi. T.
Il vient de la vente du chevalier de Saint-Martin,
n.° 9 du Catalogue de sa vente.

PAR LE MÊME.

127. La Madeleine dans le Désert, Tableau bien composé, & d'une belle couleur. — Hauteur 12 pouces,
largeur 9 pouces. T.

NOEL COYPEL.

128. La Madeleine dans le Désert, couchée & occupée de lectures pieuses. Le haut offre deux petits
Chérubins. Tableau d'une couleur riche & transpa-

rente. — Hauteur 13 pouces, largeur 16 pouces
& demi.

ANTOINE WATTEAU.

129. La Joueuse de Guitare surprise dans un jardin,
composition de six figures; Tableau digne du *Titien*
pour la couleur. Il se trouve gravé dans l'œuvre de
ce maître par *C. N. Cochin*, — Hauteur 13 pouces,
largeur 10 pouces. B.

PAR LE MÊME.

130. Deux Tableaux, l'un représente une jeune Femme
assise, jouant de la guitare; l'autre un jeune Dan-
seur. Ces deux Tableaux, d'une couleur fine & brillante, nous rappellent la belle manière du *Titien*. Aussi
les productions de ce maître sont elles l'admiration de
tout les yeux délicats & juges du coloris. Ils ont
orné les cabinets de MM. de *Julienne* & *Godefroy de Villeiqneuse*, & se trouvent gravés par
B. Audran & *G. Scotin*, sous les titres de *la
Finette* & de *l'Indifférent*. — Hauteur 9 pouces,
largeur 7 pouces. B.

CHALES PARROCEL.

131. La prédication de Saint Jean dans le désert.
Petit Tableau du grand qu'il a fait pour Notre-
Dame. — Hauteur 24 pouces, largeur 19 pou-
ces. T.

CHAVANNE.

132. Les environs d'une ville, ornés de paysages &
rivière. — Hauteur 24 pouces, largeur 30 pouces. T.

J. B. GIRARD, 1785.

133. Un oiseau mort groupé de narcisse, lilas &
jonquille. — Hauteur 6 pouces & demi, largeur
8 pouces. — B.

F O R E T S.

134. Un départ pour la chasse, composition de cinq figures. Le fond est terminé par un paysage. — Hauteur 17 pouces & demi, largeur 10 pouces. B.

G R I M O U.

135. Quatre Tableaux. Savoir, lui-même représenté, tenant un verre de vin & une cruche; le portrait de *Crébillon*, un jeune polonais, & une jeune espagnole de différentes grandeurs. Ils seront détaillés.

L E M O Y N E , 1721.

136. Combat entre les infidèles & les chrétiens, sujet du *Tasse*, chant troisième. On voit au milieu d'une foule de plus de cinquante combattans, sur le second plan, *Tancrède* se présentant à *Clorinde* les armes baissées; il lui offre son épée qu'il tient par la lame; elle est montée sur un cheval blanc, ses rênes passent dans son bras droit, dont elle tient son épée, & son bouclier du bras gauche; son juste au corps est gris de lin; ses manches & sa jupe rose. Le foyer de lumière est rassemblé sur ces deux personnages; à droite, & sur le premier plan, un cavalier renversé ainsi que son cheval, va être frappé d'un coup de lance par un autre cavalier. Un groupe principal de cinq combattans se voit dans le milieu. Le fond est encore enrichi par plus de cinquante autres figures, dont beaucoup sont aux portes de Solime & sur les remparts; Aladin, accompagné d'Herminie & de sa cour, est placé sur une tour. Cette belle conception de génie, où l'ardeur des combattans est si bien représentée, est du plus grand intérêt dans tous les détails, & nous fait voir la richesse & la variété des moyens de ce grand maître. Ce morceau est un des plus capitaux & des plus riches qui soit sortis de son pinceau. — Hauteur 5 pieds, largeur 8 pieds 4 pouces. T.

Lemoyne eut la gloire de fixer l'époque de la

peinture fous Louis XV , par l'apothéofe d'Hercule , du grand Salon de Verfailles ; compofition de
140 figures , qui lutte avantageufement contre tous
les chef-d'œuvres de ce genre en Italie. Ce Ta-
bleau-ci appartint à M. *Bourette* & à M. *Larey-
niére* , pour qui je l'ai vendu , en 1792 , fous le
N.º 14. — 10,500ᶠ , acheté par M. *Deferre de
la Noret* , qui l'a cédé à M. *Robit* , à la vente
duquel il fut vendu fous le N.º 67.

Сн. Соурец.

137. La Naiffance de l'Enfant Jéfus & l'Adoration des
Anges , compofition de 38 figures , auffi ingénieufes
que poëtiques , à laquelle il ne manque que plus
de vigueur dans la touche pour en faire un admirable Tableau , mais dont les caractères font pleins
de grâce & de charme. — Hauteur 53 pouces ,
largeur 41 pouces. T.

J. B. Chardin.

138. Deux Tableaux faifant pendant. L'un repréfente
un petit Garçon debout avec fon Moulin à Vent
& fon Tambour ; l'autre , une jeune Fille affife fur
fa Chaife près d'une Table , couverte d'un Tapis.
Elle a devant elle un panier rempli d'un morceau de pain , & de cerifes dont elle fait un
jouet. — Hauteur 7 pouces & demi , largeur
6 pouces & demi.

Ces deux Tableaux , dans le coftume du temps ,
font d'une harmonie & d'une couleur dignes de
Rambrandt. B. Ils font gravés par C. N. *Cochin.*

Carle Vanloo.

139. L'Adoration des Bergers. Compofition de neuf
figures , gravées par *Cars.* Ce beau Tableau a paffé
dans plufieurs belles collections connues. — Hauteur
24 pouces , largeur 19 pouces & demi. T.

F. BOUCHER, *manière de* LEMOINE.

140. Une Marche ou Caravanne. L'on voit fur le devant une femme accompagnée de fon enfant, qu'elle allaite tandis qu'un autre 'eft auprès d'elle. Derrière elle, un homme monté fur un âne, femble diriger fon troupeau de bœufs & de moutons. Trois autres perfonnages fuivent leur marche. —Hauteur 19 pouces & demi, largeur 17 pouces. T.

PAR LE MÊME.

141. La Naiffance de Vénus fur les eaux. Compofition de onze figures de grandeur naturelle. Tableau d'une belle couleur & d'un faire large & facile. — Hauteur 7 pieds, largeur 10 pieds. T.

ROLAND DELAPORTE.

142. Le Chrift en Croix, imitant le bronze. Il eft placé fur une Croix de bois d'ébène, au haut de laquelle eft un cartouche auffi en bronze, le tout placé fur un fond de moire violette, dans laquelle eft fichée une grande épingle. Ce rare & précieux morceau, qui fit l'admiration du falon de ......, ne fera pas moins de plaifir à revoir. L'on ne peut porter plus loin l'imitation de la nature. Plus on le regarde, plus on croit cette imitation réelle, & perfonne n'a mieux traité ce genre que cet artifte célèbre, qui n'a laiffé que des ouvrages parfaits & en petit nombre. — Hauteur 19 pouces, largeur 10 pouces. T.

LANTARA.

143. Un beau fite au moment d'une fraîche matinée. La droite eft occupée par de hautes montagnes, furmontées du Temple de la Sybille Tiburtine. Des chûtes d'eau roulent à travers les roches, & viennent fe précipiter dans une grande rivière, où l'on remarque, fur la gauche, des pêcheurs; plus loin,

eſt un arbre ; & dans le fond, un pont & des montagnes. Ce fin & précieux Tableau peut être regardé comme l'un des plus parfaits ouvrages de *Lantara*. Il eſt de forme ronde de 3 pouces & demi de
diamètre.

JOSEPH VERNET. 1748.

143 *bis*. Un Port de Mer éclairé par un Soleil chaud,
& un ciel légèrement chargé de vapeurs & de nuages.
La mer eſt calme & l'onde tranſparente ; la gauche
offre la fin d'une jetée où ſe trouvent quatorze perſonnages, dont trois femmes ; l'une d'elles aſſiſe,
ſemble parler aux deux autres qui ſont debout ; les
hommes ſont en repos ſur leurs ballots ou dans leurs
barques. Plus loin, eſt un vaiſſeau de guerre à trois
mâts, voguant à voiles déployées ; quelques autres
petits bâtimens ſe détachent ſur l'horiſon. La droite
eſt occupée par une tour & des bâtimens d'arſenaux ;
ſur le devant l'on voit la pointe d'une galère, où
l'on remarque dans leur chaloupe, quatre hommes
occupés à relever l'ancre. Toute cette partie en demi-
teinte, conduite à la lumière par une galère couverte & dont les voiles ſont pliées. Un côteau de
montagnes lumineuſes s'élève ſur la droite. Ce Tableau admirable dans toutes ſes parties, eſt d'une
belle harmonie, d'un effet éclatant & d'une touche
fine, ſpirituelle & délicate ; il doit être regardé
comme un des plus précieux ouvrages ſortis du peinceau de ce grand peintre. — Hauteur 19 pouces,
largeur 36. T.

J. B. GREUZE.

144. Une jeune Fille endormie, vue preſque de trois
quarts, appuyée ſur un oreiller jaune, les cheveux
noués d'un ruban violet, la gorge couverte d'un
fichu de mouſſeline, vêtue d'un corſage bleu & de
manches de chemiſe blanches. Ce petit Tableau eſt
plein de cette grâce & de cette vérité dont *Greuze*
fera toujours le modèle. Il provient de la vente

du chevalier de S.-Martin. — Hauteur 7 pouces,
largeur 5 pouces & demi. B.

S A B L É E.

145. **Deux Têtes** : l'une d'un jeune homme portant
cheveux noirs & mouſtaches, & vu preſque de
profil ; l'autre d'un vieillard à tête chauve & barbe
blanche. — Hauteur 14 pouces, largeur 10 pouces
& demi. T.

P A R L E M Ê M E.

146. **Un jeune Garçon**, vu de profil, portant cheveux bruns.—Hauteur 15 pouces, largeur 12 pouces.

B A R B A U L T.

147. **Six Tableaux** des Coſtumes de Rome & de Naples, dont quatre d'hommes & deux de femmes.
— Hauteur 9 pouces, largeur 6 pouces & demi.

J. M. V I E N.

148. **Deux Têtes de Femmes** : l'une d'une jeune fille
coiffée en cheveux, avec un ruban blanc, le cou
orné d'une chaîne d'or ; l'autre d'une femme ceinte
d'un diadême, & couverte d'un voile brun. Ces deux
Tableaux ont été peints à Rome. — Diamètre 17
pouces & demi. T.

L A G R E N É E le jeune.

149. **L'Imitation** d'une Peinture antique, compoſition
de 5 figures coloriées, ſur fond imitant le marbre rouge
antique ; l'une d'elles, placée dans le milieu, danſe
au ſon des inſtrumens dont jouent les quatre autres,
le tout encadré d'arabeſque, médaillons & camées,
imitant la moſaïque. Ce charmant Tableau peut être
regardé comme l'un des plus précieux ſortis du
peinceau de cet artiſte, dont le goût & le génie ont
mérité ſouvent de juſtes éloges. La peinture nous

paroît adaptée au verre. — Hauteur 13 pouces, largeur 17 pouces.

HONORÉ FRAGONARD.

150. L'Education de la Vierge par Sainte-Anne, en présence de plufieurs Chérubins. Cette compofition eft d'un effet & d'une harmonie dignes de *Rembrand*, dont M. *Fragonard* a fu apprécier le génie. — Hauteur 11 pouces & demi, largeur 8 pouces & demi. B.

DOYEN.

151. Une Etude, d'après *Rubens*, repréfentant une tête de Vénus. — Hauteur 16 pouces & demi, largeur 13 pouces & demi. T.

CARLE VERNET. An III. (1794.)

151 *bis*. Les Courfes de Chars ordonnées par Achile pour les funérailles de Patrocle. Belle & riche compofition de plus de 130 figures, dont 50 au moins fur les 1.er, 2.me & 3.me plans ; à gauche & fur le premier, l'on remarque un char fe brifant, dont le conducteur eft renverfé & les chevaux emportés hors de la carrière tracée, tandis que quatre autres chars la fourniffent. La droite offre, fur un tertre, les juges qui doivent prononcer entre les concurrens ; plus bas, l'on remarque la jeune fille, vêtue de blanc, qui doit couronner le vainqueur, tandis que fur le premier plan, l'on voit des luteurs qui fe préparent à leurs exercices. Cette belle compofition, remplie de détails du meilleur goût, a été vivement accueillie du public, lorfqu'elle a paru au falon de l'an 4, fous le N.° 517. — Hauteur 8 pieds, largeur 11 pieds 5 pouces. T.

M.r SAUVAGE.

152. Deux Bas-Reliefs en grifaille, repréfentant des jeux d'amours & d'enfans. — Hauteur 31 pouces, largeur 52 pouces, non compris leur encadrement

d'un pouce & demi. — Ces sortes de bas-reliefs peuvent aller à toute sorte de place ; & l'on sait que M. *Sauvage* est le premier peintre dans ce genre.

PAR LE MÊME.

153. Le Buste de Minerve, couronné de fleurs par deux enfans, & terminé en rinceaux d'ornemens. — Hauteur 29 pouces, largeur 55 pouces.

PAR LE MÊME.

154. Un Bas-Relief représentant des jeux d'enfans. — Hauteur 6 pouces, largeur 30 pouces.

PAR LE MÊME.

155. Deux jolis Bas-Reliefs, offrant pour sujets Hercule & Omphale, & Mars & Vénus enfans ; ils sont peints en grisaille. — Hauteur 18 pouces, largeur 30 pouces. T.

VALLAYER COSTER.

156. Deux petits Bas-Reliefs : sujets d'enfans, composés chacun de cinq à six figures, & peints en grisaille. — Hauteur 8 pouces & demi, largeur 6 pouces & demi. Ovales sur B.

J. H. 1780. *Peintre suisse.*

157. Deux Paysages de la Suisse, ornés de figures & animaux, & offrant le portrait fidèle des costumes & des usages du temps. — Hauteur 27 pouces, largeur 34 pouces. T.

BLAREMBERG.

158. La Vue intérieure du Port de Brest, où l'on remarque différens bâtimens de guerre, dans l'un desquels se fait un embarquement de troupes. Grand nombre de personnages sont sur les quais, & dans

le fond s'offre des vaiſſeaux en conſtruction. Ce Tableau, fidèle & intéreſſant, eſt rempli de détails amuſans. C'eſt un des Tableaux capitaux de cet artiſte, qui a fait des boîtes juſtement recherchées des amateurs. — Hauteur 27 pouces & demi, largeur 39 pouces & demi.   T.

DESSINS MONTÉS SOUS VERRE.

ÉCOLE D'ITALIE.

RAPHAEL D'URBIN.

159. Un deſſin compoſé de 19 Études principales faites pour la diſpute du S.-Sacrement ; griſaille peinte à l'huile ſur papier roux. Il eſt inutile de s'étendre ſur le mérite de *Raphaël*, il ſuffit de dire que ſon pinceau ſemble avoir pris la légèreté & la fineſſe d'une plume ; que pluſieurs caractères, dans ces deſſins, ſont admirables. Ils proviennent du riche & précieux cabinet de deſſins que M. de S.-Maurice avoit formé. — Hauteur 9 pouces, largeur 17.

JULES ROMAIN, *retouché par* RUBENS.

160. Une Marche triomphale ; riche compoſition à la plume, lavée de biſtre rehauſſé de blanc. Deſſin capital & de première beauté.— Hauteur 15 pouces, largeur 20.

PAR LE MÊME.

161. Moïſe enfant, qui va être expoſé ſur le Nil ; beau calque à la plume ſur papier blanc. — Haut.ʳ & largeur 9 pouces.

ANDRÉ DEL SARTÉ.

162. Jupiter & Léda, étude pour le Tableau qui

étoit dans la collection du Palais - Royal , & qui est
maintenant dans le cabinet du sénateur *Lucien.* Ce
rare & précieux dessin est à la pierre noire & au
crayon blanc, sur papier blanc. — Hauteur 8 pouces
& demi , largeur 5 pouces.

POLIDORE.

163. Deux Dessins , l'un représente un homme , &
l'autre une femme & un enfant ; à la plume lavé
de bistre , sur papier blanc. Morceau rare & du
plus beau du maître. — Hauteur 7 pouces & demi ,
largeur 4 pouces & demi.

PAR LE MÊME.

164. Une Frise , composition de 17 figures, dessinée
à la plume légérement. Ce morceau capital est
connu par l'eau-forte qui en est gravée. — Haut.ᵣ
7 pouces, largeur 19 pouces & demi.

PERIN DEL VAGA.

165. Énée & Vénus , ou les Oies du Capitole , composition de 4 figures ; dessin capital à la plume &
au bistre rehaussé de blanc , sur papier gris , de la
plus parfaite conservation'. Il est difficile de trouver
rien de plus beau & de plus rare. — Hauteur 9
pouces, largeur 8.

TITIEN VECELLI.

166. Jupiter rencontrant Antiope, tandis que l'on fait
une chasse au cerf ; dessin précieux & du premier
ordre du tableau du *Titien* , de l'ancienne Collection du Roi, maintenant au Musée , exécuté d'une
plume de la plus grande finesse, lavé de bistre , sur
papier blanc. —Hauteur 9 pouces, largeur 15.

JACQUES CAVEDONE.

167. Un Rosaire , où l'on voit la Vierge élevée sur

des nuages, tenant l'Enfant - Jéſus; dans le bas,
S. François à genoux & S. - Georges vu debout,
très-rare deſſin à la plume, lavé de biſtre. Ce maître
eſt un de ceux dont les deſſins ſont très-difficiles à
rencontrer. — Hauteur 11 pouces, largeur 7 pouces
& demi.

Annibal Carrache.

168. Un jeune homme vu de face, & plus loin un
autre par le dos; deſſin à la plume lavé de biſtre,
ſur papier blanc. Ce précieux deſſin ſe trouve gravé
dans le Recueil des caricatures & penſées diverſes
du *Carrache*. — Hauteur 10 pouces & demi, largeur 8 pouces.

Par le même.

169. Jupiter & Léda, deſſin lavé à l'encre, ſur papier
blanc, compoſition de grand caractère, & d'une
plume ſavante. — Hauteur 7 pouces, largeur 9.

Par le même.

170. Une belle tête de femme, étude au crayon noir
& blanc, ſur papier bleu; ſuperbe étude du plus
grand caractère. — Hauteur 16 pouces, largeur 13.

Louis Carrache.

171. La Vierge tenant ſur elle l'Enfant - Jéſus & le
petit S.-Jean, deſſin admirable, rempli de grâce &
de la plus belle plume, lavé à la ſanguine & à
l'encre de la Chine, ſur papier blanc, de forme
ovale en travers. — Hauteur 11 pouces, largeur 14.

Joseph Pin.

172. Une jeune enfant à cheval ſur une épée; précieux deſſin du plus grand caractère, terminé précieuſement à la ſanguine, ſur papier blanc. — Haut.ᵉ
7 pouces, largeur 5, ovale.

Pierre

PIERRE TESTE.

173. S.-Benoît en extase, à l'apparition de Jésus-Christ & des Anges; composition capitale de 18 figures, dessinée à la plume, lavée d'encre de la Chine, sur papier bleu; cintrée du haut. Les dessins de ce maître sont rares à rencontrer. — Hauteur 16 pouces, largeur 10.

VANNIUS.

174. S.-François en méditation dans le désert, accompagné d'un de ses disciples; dessin précieux du plus beau du maître. Il provient du cabinet de M. de S.-Yves, n.° 91 du catalogue de la vente.

PIETRE DE CORTONNE.

175. Une Femme qui vient d'armer son fils pour venger la mort d'un héros. A la plume, lavé à l'encre de la Chine rehaussé de blanc. Dessin précieux, d'une belle conservation. — Hauteur 8 p.ces, largeur 10 pouces.

BENEDETTE CASTIGLIONE.

176. Deux Compositions ingénieuses. L'une représente la Vierge tenant dans les bras l'Enfant Jésus, & le Père Eternel soutenu par un groupe d'Anges, assistant à la naissance de son fils. L'autre représente la Vierge, accompagnée de S.te Catherine & de la Madeleine, qui remet à un religieux l'institution de l'Enfant Jésus. Dessins coloriés à l'huile, sur papier blanc. Ces deux morceaux capitaux sont du plus beau faire de ce maître. — Hauteur 23 pouces, largeur 16 pouces.

ROSALBA CARRIERA.

177. Une belle Femme blonde, vue en buste, sa chevelure ornée de quelques fleurs; le cou, l'épaule & le dessus de la poitrine nus; le reste enveloppé

(50)

d'une draperie bleue. Ce rare & fuperbe Paftel, de
la plus belle confervation, eft monté fous glaces,
& provient des cabinets célèbres de *Lempereur*,
n.º 23; de *Randon de Boiffet*, n.º 23; de *Lebœuf*,
n.º 12; & de *Prefle*, n.ᵒˢ 701 & 1000.

P A R   L A   M Ê M E.

178. Deux Têtes de Femmes, études au paftel fur
papier blanc. Collection du baron de *Thiers*. —
Hauteur 12 pouces, largeur 10 pouces.

P A R   L A   M Ê M E.

179. Son Portrait, peint avec un peu de paftel, fur
papier gris. Ce morceau provient de la collection
du baron de *Thiers*. — Hauteur 15 pouces, largeur 11 pouces. Sous verre.

J.   P A U L   P A N I N I.

180. Deux Deffins des plus beaux & des plus capitaux connus de ce maître. Ils repréfentent les Ruines
d'anciens Palais. Dans le fond de l'un, l'on voit
les reftes du Colyfée de la colonne Trajanne; &
fur le devant, des farcofages avec bas - reliefs, &
le groupe du lion & du cheval. L'autre offre la vue
d'un grand Veftibule où l'on remarque une fontaine
avec les liones antiques. Ces deux compofitions font
ornées de belles figures; le tout colorié à la quarelle,
fur papier blanc; ce font pour ainfi dire de véri-
tables Tableaux de la plus grande rareté à trouver,
vu qu'il en exifte très-peu de ce maître qui foient
auffi précieux. — Hauteur 15 pouces, largeur 12
pouces.

DESSINS MONTÉS.

ÉCOLES FLAMANDE, HOLLANDAISE ET ALLEMANDE.

LUCAS DE LEYDE.

181. Une Gouache. Composition de 11 figures dont 6 cavaliers couverts d'armes anciennes. Sur le devant, 5 jeunes filles sont occupées à filer en gardant leurs moutons; l'une d'elles, entourée d'une auréole, paroît être Ste Geneviève. Il est difficile de rien voir d'une plus belle simplicité & d'une exécution plus précieuse. Une note historique de la main de *Mariette* se trouve detrière. — Hauteur 4 pouces & demi, largeur 5 pouces & demi. Sous verre.

ANTOINE VANDICK.

182. Le Christ entre les deux Larons, accompagné de la Vierge, de S. Jean, de la Madeleine & autres figures. Dessin de la plus grande finesse, à la plume, lavé de bistre sur papier blanc. — Hauteur 17 pouces, largeur 7 pouces.

FRANÇOIS MIERIS.

183. Un Portrait d'Homme vu de trois quarts, le regard tourné sur l'épaule, portant cheveux tombans & bouclés, vêtu d'une cravatte & d'un manteau; à la pierre noire sur papier plâtré. Il est impossible de rien voir d'un faire plus habile. — Hauteur 3 pouces, largeur 2 pouces & demi, de forme ovale, couvert d'un cristal de roche à bisot, dans un médaillon de cuivre doré.

PHILIPPE DE CHAMPAGNE.

184. La Fuite en Egypte où un groupe d'Anges &

de Chérubins enlève la Vierge, qui tient l'Enfant Jésus pour traverser un gué. Belle grisaille très-ter-minée. — Hauteur 18 pouces & demi, largeur 16 pouces.

JACQUES JORDANS.

185. Le Martyre de S.te Apoline. Composition de 10 figures, grisaille sur papier fait pour l'estampe gravée. Ce morceau capital est une de ses plus belles compositions. — Hauteur 27 pouces, largeur 19.

GÉRARD DE LAIRESSE.

186. Une immense composition représentant Caligula faisant placer la statue de son cheval dans le temple du sénat. Grisaille peinte à l'huile sur papier. Il seroit difficile de trouver une plus belle marche de composition & des groupes plus neufs & plus variés. Elle provient de la vente de M. *Vassal de Saint-Hubert*, n.º 268, & de mon cabinet en 1791: vendu 280ᶠ. — Hauteur 20 pouces, largeur 31.

PAR LE MÊME.

187. Composition capitale de 30 figures représentant un Sacrifice à Flore, & dessinée à la sanguine & à la pierre noire sur papier blanc. Ce rare Dessin a passé dans les premiers cabinets de Hollande, où il fut vendu un grand prix. — Hauteur 21 pouces, largeur 19.

JOSEPH WERNER.

188. Minerve en présence de Télémaque, ayant fait sortir l'olivier de la terre. Ce morceau précieux est d'un style aimable, d'un dessin élégant, & d'un bel effet. — Hauteur 5 pouces, largeur 4 pouces, de forme ovale en hauteur.

J. LIÉVENS.

189. Le Portrait de Lucas *Vostermans*, célèbre gra-

(53)

veur, deſſiné à la pierre noire, lavé d'encre de la
Chine & de quelques touches de blanc ſur papier
blanc ; deſſin digne de *Vandick* & de *Rubens*. —
Hauteur 10 pouces, largeur 8 pouces.

Gouache par VANDERMEULEN.

190. Le Paſſage du Rhin par l'armée de Louis XIV ;
belle Gouache précieuſement & librement faite. —
Hauteur 8 pouces & demi, largeur 10 pouces &
demi.

J. HASNER.

191. Deux Eſquiſſes peintes en griſailles ſur papier ;
l'une repréſente l'Adoration des Bergers, compoſition de huit figures ; l'autre l'Adoration des Rois,
compoſition de 13 figures. Production pittoreſque
& d'un bel effet.

DESSINS MONTÉS SOUS VERRE.

ÉCOLE FRANÇAISE.

JACQUES STELLA.

192. Sept des Neufs Muſes, ſavoir : Clio, Euterpe,
Thalie, Melpomène, Therpſicore, Polymnie, Ura-
nie. Il manque à cette ſuite la ſixième Muſe & la
neuvième, ainſi que l'Apollon qui ont été volés dans
notre cabinet. Si quelqu'un ſavoit où elles peuvent
être, il voudroit bien nous en donner avis, d'au-
tant que ce ne ſont pas les ſeuls vols qui nous aient
été faits à la même époque. Ces précieux deſſins
furent faits par *Stella* pour le théâtre de Lyon,
où il reſtèrent long-temps. Leur ſtyle & leur correction ſont dignes de l'antique. Ils ſont à la plume,

lavé d'encre de la Chine, fur papier blanc. — Hau‑
teur 10 pouces, largeur 7 pouces.

N I C O L A S   P O U S S I N.

193. Une Vue pittorefque des environs de Rome,
peinte en grifaille à l'huile fur papier. Un ftyle
admirable, un effet piquant, & une touche large &
facile joints à la rareté des ouvrages de ce maître,
rendent ce deffin digne des premières collections.
— Hauteur 7 pouces & demi, largeur 10 pouces.

L A U R E N T   D E   L A   H I R E.

194. La première Penfée d'un des deffins formant la
fuite de ceux de Saint‑Etienne‑du‑Mont, que poffède
maintenant le Mufée; à la pierre noire lavée d'encre
de la Chine. — Hauteur 7 pouces & demi, largeur
21 pouces.

Ce maître habile & célèbre n'a pas joui dans fon
temps de toute fa gloire, & nos favans modernes
voulurent attribuer cette fuite précieufe à *Lefueur.*
Je prouvai, dans le Journal de Paris du mois d'août
1778, à Cochin qui écrivoit fous le nom du comte
de la M., qu'elle appartenoit à *Lahire*, & je citai,
à cet effet, le deffin ci‑deffus que M. *Collet*, fecré‑
taire de l'ordre de Saint‑Michel, avoit acheté avec
les portefeuilles de *Lahire* reftés jufqu'alors dans la
famille.

P A R   L E   M Ê M E.

195. Le Chrift qui apparoît aux trois Maries après fa
réfurrection; deffin précieux & terminé du tableau
fait pour les Carmélites, lequel eft maintenant au
Muféum. — Hauteur 13 pouces, largeur 8 pouces.

C H A R L E S   L E B R U N.

196. Vénus & Adonis regardant le triomphe de l'A‑
mour; deffin capital & du plus beau du maître; à la
plume, lavé de biftre & d'encre de la Chine. — Hau‑
teur 13 pouces, largeur 16 pouces.

SÉBASTIEN BOURDON.

197. Un Repos en Egypte, deſſin capital de cinq figures ; à la plume, lavé d'encre de la Chine ſur papier gris rehauſſé de blanc. — Hauteur 10 pouces & demi, largeur 15 pouces & demi.

PAR LE MÊME.

198. Hercule, après ſes illuſtres travaux, montant dans l'Olympe, où Jupiter lui indique ſa place ; riche compoſition lavée de biſtre rehauſſé de blanc ſur papier gris. En feuille.

NOËL COYPEL.

199. Les deux premières Penſées de deux des quatre tableaux du Muſée ; l'un repréſente Ptolomée Philadelphe rendant la liberté aux Juifs eſclaves, au nombre de 120,000 ; l'autre, Alexandre-Sévère faiſant diſtribuer des grains au peuple de Rome dans un temps de diſette. Ces morceaux ſont dignes de *Nicolas Pouſſin* ; à la plume, ſur papier gris rehauſſé de blanc. — Hauteur 6 pouces & demi ; largeur 14 pouces.

DEVOLIGNY.

200. Le Portrait de quelque homme célèbre du temps de Louis XIV, vu à mi-corps, le bras droit appuyé ſur le ſocle d'une colonne, & le gauche ployé ſur la hanche. S'il exiſte un morceau extraordinaire fait à la plume, c'eſt celui-ci. Il n'eſt point l'ouvrage d'un artiſte patient & ſervile qui s'eſt amuſé à copier une eſtampe, mais d'un artiſte habile qui a fait à la plume ce que les *Edelinge*, les *Drevet*, les *Maſſon*, les *Audran* & les *Nanteuil* ont exécuté de plus précieux au burin. — Hauteur, 9 pouces ; largeur, 7 pouces.

J. JOUVENET. 1692.

201. Une belle Académie nue, étude pour le tableau

de l'Hiver, qui étoit à Marly. F. *Boucher* posséda
ce Dessin, qu'il regardoit comme une des plus belles
choses que l'on pût faire à la sanguine, sur papier
blanc. — Hauteur, 20 pouces & demi ; largeur,
18 pouces.

CHARLES DELAFOSSE.

202. L'Adoration des Bergers. Composition de 18 figures, belle grisaille à l'huile sur papier, esquisse
de son tableau du chœur de Notre-Dame. — Hauteur, 14 pouces ; largeur, 17 pouces.

PAR LE MÊME.

203. Laban faisant la recherche de ses idoles : belle
esquisse coloriée de son grand tableau de Notre-
Dame. — Hauteur, 17 pouces & demi ; largeur,
15 pouces.

ANTOINE WATEAU.

204. Deux charmantes Etudes, l'une de jeune Fille,
& l'autre d'Homme, à la sanguine & pierre noire
sur papier blanc. L'on ne peut rien voir de plus
spirituel, ni qui indique plus le grand coloriste. —
Hauteur, 8 pouces ; largeur, 6 pouces.

ÉD. BOUCHARDON.

205. L'Amour prêt à lancer sa flèche, tandis qu'à
droite trois autres Amours jouent avec les armes
de Mars & d'Hercule. Un quatrième joue de la
lyre, au son de laquelle dansent quatre petits
Amours placés sur la gauche. Un fond de bois termine ce précieux dessin, qui offre les grâces & la finesse de *l'Albane* & du *Corrége*. Dessin à la sanguine sur papier blanc. Il ornoit le dessus de la
boîte de M. *d'Angivilliers*, directeur des bâtimens
du Roi. Il est couvert d'un cristal de roche, &
dans une bordure en bronze doré & bois noir, de
forme ronde. — Diamètre, 3 pouces 9 lignes.

ÉD. BOUCHARDON.

106. Un des plus précieux desseins de cet habile artiste, représentant Diomède qui enlève le Palladium : d'après la pierre du cabinet impérial, gravée par *Dioscorido.* Il se trouve dans le recueil des Pierres gravées du cabinet du Roi, publié par Mariette. — De forme ronde 3 pouces 9 lignes. Il sera difficile dans tous les temps de ne pas être d'admirateur de ce dessein.

PAR LE MÊME.

107. Hommage rendu à un jeune Pâtre : composition de huit figures, à la sanguine sur papier blanc, d'après une pierre antique du cabinet impérial, gravé dans le Recueil de *Mariette.* — Hauteur, 5 pouces & demi ; largeur, 4 pouces & demi, ovale en hauteur,

PAR LE MÊME.

108. Deux précieux Desseins à la sanguine, sur papier blanc. Ils représentent l'un Vénus jouant avec l'Amour ; l'autre, une Femme faisant un sacrifice. — Hauteur 3 pouces, largeur 2 pouces 3 lignes. Ils se trouvent gravés dans le Recueil des Pierres du Cabinet du Roi, par *Mariette.*

PAR LE MÊME.

109. Noé faisant entrer les animaux dans l'arche, Composition de huit figures. Précieux dessin d'après une Pierre gravée du Cabinet du Roi, publié par *Mariette.* — Hauteur 5 pouces & demi, largeur 6 pouces & demi.

PAR LE MÊME.

110. Deux belles Académies, étude de la fontaine de Grenelle, à la sanguine ; sur papier blanc. — Hauteur 26 pouces, largeur 18 pouces.

Éd. Bouchardon.

211. L'étude d'un jeune Garçon appuyé sur le bout de ses doigts, étude à la sanguine, sur papier blanc. — Hauteur 15 pouces & demi, largeur 10 pouces.

J. B. Dehays.

212. Deux belles Académies couchées ; à la pierre noire, estompe & crayon blanc, sur papier jaune. — Hauteur 18 pouces, largeur 24 pouces.

Par le même.

213. Une Académie assise ; au crayon noir, sur papier blanc. — Hauteur 24 pouces, largeur 19 pouces.

Par le même.

214. Un Buste de jeune homme, étude pour la tête de Joseph, dans son Tableau de *Putiphar*, au crayon noir & blanc sur papier bleu. — Hauteur 16 pouces, largeur 12 pouces.

François Boucher.

215. Le Triomphe de Neptune & de Vénus sur les eaux. Très-belle composition de plus de 25 figures, peintes en grisaille. — Hauteur 18 pouces, largeur 33 pouces. Cette composition capitale provient de la vente de M. *Soufflot*.

Par le même.

216. L'Adoration des Rois. Très-belle composition, peinte en grisaille sur papier. — Hauteur 15 pouces, largeur 10 pouces.

L'Épicier.

217. Guillaume-le-Conquérant débarqué en Angleterre, faisant brûler sa flotte. Dessin lavé de bistre, sur papier

blanc. Première penſée du Tableau de 30 pieds de
long , ſur lequel il fut agréé à l'Académie. — Hauteur 10 pouces , largeur 20 pouces.

L. F. DELARUE.

218. Tobie faiſant enterrer les morts. Compoſition
de 15 figures , deſſinée à la plume , lavée de biſtre ,
ſur papier blanc. Ce deſſin capital a acquis parmi les
artiſtes & les amateurs une telle réputation , qu'il
fut ſouvent comparé à ceux de *Raphaël* , de *Le
Sueur* & du *Pouſſin*. Il eſt digne de la collection
du Muſée. — Hauteur 10 pouces , largeur 15
pouces.

PAR LE MÊME.

219. Deux Deſſins de la plus grande force de cet
habile maître. Ils repréſent l'un un ſacrifice par de
jeunes filles ; l'autre , un juge qui condamne un
homme , dont s'empare l'exécuteur : à la ſanguine ,
lavé de biſtre , ſur papier blanc. Morceaux rares à
trouver & dignes des plus grands maîtres. — Hauteur 10 pouces & demi , largeur 8 pouces.

DELARUE , Peintre.

220. La vue du Port de Malte , enrichie de plus de
30 figures , à la plume , lavée à l'encre de la Chine ,
ſur papier blanc. Deſſin de la plus précieuſe exécution. — Hauteur 15 pouces , largeur 15 pouces.

CHARLIER.

221. Un homme la tête couverte de ſon chapeau ,
vu en demi-teinte , & tenant un livre , d'après
Rembrandt , & un Portrait de Femme , d'après
Vandick.

Par différens Maîtres.

222. Pluſieurs Payſages à gouache & à l'huile , par
Valencienne & *Moreau* , ſous verre.

D E W A I L L Y , en 1756.

223. La vue de la place Navone, deſſinée à la plume ,
à l'encre de la Chine & au biſtre , légèrement coloriée. Deſſin précieux , & l'un des plus beaux de
cet habile artiſte. Il vient de la collection de *Boiſ-
ſet*. — Hauteur 7 pouces & demi, largeur 12
pouces.

J. B A P T I S T E G R E U Z E.

224. Une bonne Femme , après avoir donné l'hoſpi-
talité à un petit Savoyard , ne poſſédant que ſa
Marmotte & ſon Chien , lui indique le chemin qu'il
doit prendre , tandis qu'un autre enfant s'amuſe à
jouer. Belle compoſition, d'un effet piquant , exécutée avec le goût & la chaleur qui caractériſent les
grands talens : à la plume , lavé d'encre de la
Chine , ſur papier blanc. — Hauteur 12 pouces &
demi, largeur 10 pouces.

P A R L E M Ê M E.

225. Un Algérien montrant un jeune Lion appri-
voiſé. Deſſin à la plume , lavé de biſtre , du plus
grand caractère. — Hauteur 14 pouces, largeur
12 pouces.

P A R L E M Ê M E.

226. Une Tête de petit Garçon , coiffé de ſes cheveux bouclés : à la ſanguine , ſur papier blanc. —
Hauteur 13 pouces, largeur 16 pouces.

P A R L E M Ê M E.

227. L'Etude d'un jeune Homme qui reçoit de ſon
père la malédiction paternelle. Il eſt coiffé d'un
chapeau , exécuté à la ſanguine , ſur papier blanc.
— Hauteur .. pouces.

J. BAPTISTE CREUZE.

228. Une autre Etude, pour la même tête, plus forte que nature, & coiffée en cheveux, à la sanguine, sur papier blanc. — Hauteur 19 pouces, largeur 15 pouces.

PAR LE MÊME.

229. Une Tête de Femme au pastel, vue de face. — Hauteur 18 pouces, largeur 15 pouces.

DE BOISSIEU.

230. Une Vue des Pyrénées, dessin à la plume, légèrement colorié. L'on ne peut rien voir de mieux rendu, ni d'une plus grande vérité. — Hauteur 8 pouces, largeur 13 pouces & demi.

On m'en a volé deux du même faire, dans des bordures semblables. Les personnes qui en auroient connoissance, voudront bien m'en donner avis.

HONORÉ FRAGONARD.

231. L'un des dessins à l'aquarelle les plus capitaux de ce maître. Il représente un jeune Pâtre accompagné de son Chien, conduisant un Bœuf blanc & un troupeau de moutons. Il a passé dans le cabinet de M. *de Namur*, à la vente duquel il fut vendu sous le N.º 59; il provenoit de celle de M. *de Senneville*. Si alors l'amour d'une composition pittoresque & des chaînes d'ombre & de lumière, balancées avec un goût délicat & rare, fit mettre un prix considérable à ce beau Dessin; nous ne pouvons qu'applaudir à la justice que l'on a rendu à *Fragonard*, & au bonheur que l'on a eu de l'apprécier; car ce génie neuf & créateur, sera souvent & long-temps consulté par les maîtres de l'art. — Hauteur 12 pouces & demi, largeur 15 pouces & demi.

HONORÉ FRAGONARD.

231. Une Vue pittoresque d'un Jardin d'Italie. On y voit sortir de dessous une voûte un torrent d'eau, tombant de bassin en bassin, où un Pâtre fait boire ses bœufs. Dessin capital, lavé de bistre, sur papier blanc. — Hauteur 15 pouces, largeur 19 pouces.

H. B. ROBERT.

233. Deux très-beaux dessins à l'aquarelle. L'un représente le dessous d'une voûte avec deux escaliers, ornés de sphinx, & sur la droite le groupe de *Laocoon* & de ses fils. L'autre représente les ruines d'un Temple avec fragmens de bas-reliefs sur le devant, & une Statue équestre en bronze, élevée sur un piédestal. — Hauteur 12 pouces, largeur 17 pouces & demi.

PAR LE MÊME.

234. La Vue de l'Entrée de l'Etable à Vaches de la maison du *Moulin Joli*. Dessin colorié, d'un effet & d'un goût délicieux. — Hauteur 15 pouces, largeur 12 pouces.

CHAUDET, 1791.

235. Deux Dessins. L'un représente la punition de l'avarice; l'autre, la bienfaisance qui se cache dans l'obscurité. Ces deux beaux Dessins sont terminés précieusement à la pierre noire, sur papier blanc. — Hauteur 15 pouces & demi, largeur 24 pouces.

L. E. VIGÉE LEBRUN.

236. L'Attention représentée par une jeune Fille en buste & un doigt en l'air. Dessin au crayon noir & à l'estompe, sur papier blanc. Il est rempli d'expression & de finesse. — Hauteur 17 pouces, largeur 16 pouces.

NICOLLE.

237. La Vue exacte d'une place pittoresque de Rome, où l'on remarque les ruines de plusieurs monumens antiques. Précieux Dessin à la plume colorié, sur papier blanc. Jusqu'à présent, personne n'a rendu avec plus de vérité, de goût & d'une manière aussi précieuse, ces vues intéressantes. — Hauteur 6 pouces & demi, largeur 11 pouces.

Par différens Maîtres.

238. Six Dessins, savoir un dessin à la pierre noire, sur papier blanc, pour un tombeau, par *C. N. Cochin*, en 1766; deux contre-épreuves pour les médailles de dessin, terminées par *Bouchardon*; un Portrait d'artiste à la sanguine, sur papier blanc; une Forêt, par *Devries*; & la S.ᵗᵉ-Famille, par *Natoire*, contre-épreuve.

Différens Maîtres.

239. Deux Enfans, dessin à la plume, lavé de bistre, sur papier blanc, par *le Guerchin*; & une grisaille esquisse d'un tableau des Petits-Pères, par *Carle Vanloo*.

DESSINS EN FEUILLES,

PAR DIFFÉRENS MAITRES.

PIERRE MIGNARD.

240. Le Dessin du grand plafond de S.-Cloud, très-belle composition, représentant l'Olympe, fait à la plume, lavé de bistre, & rehaussé de blanc. Ce Dessin capital & de premier ordre, offre des beautés dignes du *Dominiquin*.

(84)

DE LA **R**UE , *Peintre* & D**E** LA **R**UE , *Sculpteur.*

241. Quatre Deſſins : l'un , le triomphe de Galathée ;
l'autre , une Bachanale ; le triomphe de l'Amour ,
deſſin à la plume, lavé à l'encre de la Chine, du
meilleur temps de *Larue* , ſculpteur ; & un groupe
de guerriers cuiraſſés , lutant contre la foudre , par
de Larue ; peintre.

D E LA **R** U E , *Sculpteur.*

242. Six Deſſins , ſavoir : les quatre Saiſons , ſujets d'enfans , du plus beau temps de cet artiſte ,
ainſi que les autres , dont l'un repréſente un groupe
de cinq enfans , & l'autre la Charité , repréſentée
par une femme aſſiſe , environnée de quatre enfans.

Différens Maîtres.

243. Sept Deſſins , par *Jules Romain, Dominiquin,
Salſoferat , Gérard de Lairreſſe , Ch. Lebrun,
Pouſſin & Leclerc.*

Idem.

244. Six Deſſins , dont quatre par *le Sueur* , études
au crayons noir & blanc , ſur papier gris , & deux
autres par *Champagne & Lebrun.*

Idem.

245. Dix Deſſins , par *Bouchardon , Ango , Giblin,
Echard & Boucher.*

J. B. G R E U Z E.

246. Deux Deſſins : l'un à la ſanguine , ſur papier
blanc , repréſente un jeune garçon à genoux , faiſant ſa prière ; l'autre , belle étude , la Ste Marie
Egyptienne , à la ſanguine , eſtompée de noir.
LALLEMAND.

L'ALLEMAND.

247. Trois Gouaches capitales, repréſentant le devant & le derrière de l'île S-Denis, & de la maiſon de feu M. *Papillon de la Ferté* ; la troiſième offre la repréſentation du Devin du village, de *J. J. Rouſſeau*, qui fut joué dans ladite maiſon.

VIDAL.

248. Un groupe de différentes Fleurs coloriées, ſur papier blanc, de la plus belle exécution.

LAGRENÉE le jeune.

249. Un Repos en Egypte, compoſition de huit figures lavées de biſtre, ſur papier blanc, du goût & de l'effet le plus piquant.

JULIEN DE PROVENCE, *élève* d'André BARDOU.

250. Deux Deſſins repréſentant Titon vieilli, & le départ de l'Aurore ; l'autre, Apollon, abandonnant Clytie, deſſins à l'encre de la Chine, lavés de biſtre & réhauſſés de blanc.

DEMACHY. 1765.

251. Une Vue de la Halle à la farine, au moment de ſa conſtruction ſur l'ancien terrain de l'hôtel de Soiſſons. Gouache capitale & d'une belle exécution. — Haut. 33 pouc., largeur 24 pouc., ſous verre.

LE PAON.

252. Une Bataille, lavée de biſtre & d'encre de la Chine, & deſſinée à la plume, ſur papier blanc.

FONTAINE. 1797.

253. Une belle Gouache, repréſentant la Vue intérieure de galeres de priſons, où s'offrent une douzaine de ſoldats, gardiens, &c. Compoſition pit-

E

torefqne & d'un bel effet. — Hauteur 36 pouces, largeur 30 pouces, fous verre.

ESTAMPES MONTÉES SOUS VERRE.

---

254. La Femme adultère, fuperbe épreuve, d'après *N. Pouffin*, par *Audran*.

255. Le Moïfe fur les eaux, d'après le même, par *Loir*.

256. La Madelaine chez le Pharifien, d'après *Colombel*, par *Doffier*.

257. Moïfe enfant, foulant aux pieds la courónne de Pharaon, d'après *le Pouffin*.

258. Le Portrait de S. M. l'Empereur & Roi, d'après *Ifabey*, gravé par *Lingé* & *Godefroy*. Sous verre & bordure bronzée.

259. Le Portrait en pied du général *Washington*, d'après *Trumboul*; monté fous verre, gravé par *F. Cheefman*.

260. La Cour du Roi de Pruffe recevant le général Zielhen, *gravée par* D. Chodourecki.

261. Deux Eftampes, d'après *Adrien Van Oftade*, imitant parfaitement le deffin. — Hauteur 11 pouces, largeur 9 pouces & demi.

262. Sophie Weftern, coloriée, & une petite Eftampe ronde, par *Bartholozzi*; très-rare.

RECUEILS D'ESTAMPES, GALERIES & ŒUVRES
EN VOLUMES.

263. *Variarum imaginum*, fuite, dit le cabinet du bourguemeftre *Rynft*, en trente - quatre Eftampes, d'après les plus grands maîtres, par les plus habiles graveurs du temps ; in-f.º rel. cart., fuperbe exemplaire, N.º 554 du catalogue *S.-Yves*.

264. Recueil de 109 Portraits, par *Vandick*, & d'après lui, par *Baillin*, *Bolfewert*, *Cluet*, les *Galle*, *Hondius*, les *Jode*, *Lommelin*, *Meyffens*, *Natalis*, *Néef*, *Pontius*, *Poerft*, *Vouet*, *orfterman* & autres ; fuperbes épreuves venant de la vente *S.-Yves*, N.º 249.

265. Les Hommes illuftres qui ont paru en France, par *Chr. Perrault*. Paris, 1697. 2 vol. in-f.º en un, rel. en v. m. dent. & tranche dorée ; vente *S.-Yves*, N.º 595.

266. Les Batailles du prince *Eugéne*, d'après *Huc-tenburg* ; en un volume, grand atlas.

267. L'Œuvre de *Gérard Lairefſe*, en 164 Eftampes, dont 110 gravées par lui, & 54 par *Glaubert*, & autres d'après lui.

268. Recueil gravé d'après les deffins du *Parmefan* & à leur imitation en 29 planches ; charmante fuite, rare à trouver.

269. Galerie d'après *Pietre de Cortonne*, en un volume relié.

270. Galerie des Peintres flamands, hollan'ais & alle-

mands ; par *J. B. P. Lebrun*, 3 vol. petit *in-folio*, rel. en mar. ; ouvrage très-rare à trouver. Epreuve avant la lettre. Il n'en existe pas 10 sur 40.

271. L'Œuvre de *Waterloo*, composé de quatre-vingt Paysages, relié en un volume.

272. Suite des Dessins *Basan*, peinture de Venise.

ESTAMPES EN FEUILLES

ET PLANCHES GRAVEES.

---

273. *Ecce Homo*, par Augustin Carrache ; sujet à demi-figure, d'après le *Corrége* en 1587. Epreuve sortie du cabinet de M. *Nau* & de celui de *Saint-Yves*, n.° 107, vendu 130 fr.

274. Plusieurs belles Estampes dont la Vierge & les Saints, d'après *Raphaël Parschutze* ; estampes très-rares, de la galerie de *Dresde*. L'Innocence se réfugiant dans les bras de la Justice, par *Bartholozzi*, d'après Mme *Lebrun*, estampe ; épreuve avant toute lettre & les armes. Jupiter & Léda, par *Porporati* ; de même. Plusieurs belles Estampes d'après *Rubens* & autres maîtres qui seront détaillées & exposées par lots.

275. La suite des Stucs & Arabesques du Vatican.

276. Les quatre grands Paysages d'après *Nicolas Poussin*, par *Baudet* ; superbes épreuves.

277. Un porte-feuille d'Estampes d'après différens grands maîtres, qui seront détaillées lors de la vente.

278. Deux lots d'Estampes détachées, avant & avec la lettre, tirées de la galerie de M. *Lebrun*, & gravées sous sa direction.

179. Deux Planches par *Beauvais & Ouvrier*, d'après *François Boucher*, gravées sous le titre du *Sommeil interrompu & les deux Confidentes*, avec un porte-feuille rempli d'épreuves ; eaux fortes avant la lettre & avec la lettre.

FIGURES ET BAS-RELIEFS

EN TERRE CUITE.

FRANÇOIS FLAMAND *dit* LE QUESNOY.

280. Une superbe copie du Faune antique, d'une exécution & d'une étude admirables. On a, selon l'ancien usage, fracturé cette figure pour la mouler ; elle est élevée sur un socle de marbre bleu turquin à gorge & filets, & provient de la collection du baron de *Thiers*. — Hauteur 23 pouces.

PAR LE MÊME.

281. Un Enfant assis, à demi-penché en avant, & paroissant prêt à prendre quelque chose. Ce précieux morceau, l'un des mieux conservés, a passé successivement dans les collections du baron de *Thiers*, de *Vassal de Saint-Hubert*, &c., ainsi que les suivans. — Hauteur 5 pouces. Il est placé sur un fût de colonne d'albâtre, orné de médaillons & guirlandes de bronze doré, de la hauteur de 4 pouces.

PAR LE MÊME.

282. Un Enfant assis sur une monticule, les bras & le regard élevés. Morceau précieux. — Hauteur 8 pouces & demi.

PAR LE MÊME.

283. Un autre Enfant penché en arrière, les bras

ouverts & tendus vers le ciel ; il est placé sur son
fût d'albâtre garni de bronze. — Hauteur de l'enfant,
6 pouces.

FRANÇOIS FLAMAND *dit* LE QUESNOY.

284. Un autre Enfant couché sur le dos & endormi,
monté sur un pied d'albâtre, garni en bronze. —
Longueur 5 pouces.

PAR LE MÊME.

285. Un Enfant appuyé & vu par le dos, de 4 pouces.

PAR LE MÊME.

286. Douze Enfans en quatre bas-reliefs, tenant des
voiles, des mâts, des avirons, & autres attributs
de marine, de 14 pouces, sur 4 pouces & demi.

PAR LE MÊME.

287. L'une des Lionnes du Capitole. — Hauteur 6
pouces, longueur 12.

LALGARDE.

288. Deux belles Figures de femmes, dont l'une tient
un flambeau renversé ; elle est debout les jambes
croisées & la tête penchée vers un sablier, qu'elle
tient de la main droite ; l'autre tient deux brandons,
dont un qu'elle élève du bras droit, & l'autre qu'elle
éteint de la main gauche. — Hauteur 30 pouces.
Elles proviennent de la vente de M. *d'Espagnac*,
en 1792, n.º 167, & ont été vendues 200ᶠ.

LEGROS.

289. Une Sibille, très-belle terre cuite venant de la
Collection de M. *de la Live*. — Hauteur 29 pouces.

CLODION, *à Rome*.

290. Deux Bas-Reliefs, d'après les deux grands de

l'arc de Conftantin, étude précieufe de cet habile artifte , & propre au décor. — Hauteur 32 pouces, largeur 45.

PAR LE MÊME.

291. Un jeune Satyre courant avec fon thyrfe, & portant fon chien. — Hauteur 14 pouces.

M. BOIZOT.

292. Un beau groupe repréfentant Minerve venant reveiller le Génie des Arts, en lui préfentant les travaux que NAPOLÉON-LE-GRAND ordonne. 30 pouces de hauteur, fur 16 de largeur, élevé fur un focle de bois doré, & peint en marbre.

FIGURES ET BAS-RELIEFS

EN IVOIRE.

FRANÇOIS FLAMAND, dit LE QUESNOY.

293. L'Enfant-Jéfus couché fur une croix, & l'Amour endormi, couché & tenant fon arc. Ces deux précieux morceaux font placés fur des pieds en bois noirci. — Longueur du premier 4 pouces 6 lignes, & du fecond 3 pouces 6 lignes. Ils viennent des ventes de M. *de Julienne*, n.° 1282 & 1283, & de M. *de S.-Yves*, n.° 109, vendus 490ᶠ.

SARAZIN.

294. Un groupe de 4 Enfans enlacés & danfant autour d'un groupe de dauphins, morceau de 5 pouces & demi de hauteur, fur 3 pouces & demi de diamètre. Plufieurs de ces fortes de groupes ont été moulés, & quoiqu'ils faffent l'admiration des artiftes, ils font moins parfaits d'exécution que celui-ci. Ces rares

& précieux morceaux portoient dans leur origine, des girandoles en or maſſif, qui furent défaites & vendues lors de la vente des effets du garde-meuble, alors devant la colonnade du louvre, ſous Louis XV. Il ſeroit impoſſible de trouver rien de plus beau, pour porter un buſte, une coupe, un vaſe, ou pour faire la baſe d'une colonne. Cette collection d'ivoires, reſtés dans les dépôts de l'Académie, fut portée à la maiſon *de Neſle*, & donnée en paiement. Je les achetai tous, & me réſervai celui-ci comme le plus précieux.

S A R A Z I N,

295. Un autre groupe repréſentant l'Amour tenant ſon arc de la main droite, & de la gauche une couronne qu'il élève ; un petit Satyre eſt groupé auprès de lui, & ſemble le cacher ; morceau de la plus belle exécution, de 7 pouces & demi de hauteur, ſur 4 de largeur, propre à faire le milieu d'un piédeſtal, ou un couronnement de pendule. Perſonne n'a manié l'ivoire avec plus d'art ; c'étoit une cire molle dans les mains de cet artiſte.

Ivoire.

296. Un Médaillon du plus beau travail, repréſentant Mutius - Gordius - Scévola, vu de profil en buſte. — Hauteur 3 pouces, largeur 2 pouces, dans un cadre de cuivre doré, de forme ovale,

Idem.

297. Un groupe de quatre Enfans, dont l'un eſt porté & élevé par les trois autres ; une compoſition heureuſe, un deſſin correct & une belle exécution donnent à ce morceau, exécuté du temps des *Médicis*, un grand intérêt. Il y a deux petits pieds & des bouts de doigts de fracturés, que l'on peut réparer en cire. — Hauteur 6 pouces & demi.

Médaillons en cire.

298. Quatre Médaillons exécutés à Rome, d'après les

plus belles têtes antiques, par un habile artiste. —
Hauteur 4 pouces, largeur 3 pouces & demi.

Bas-Relief en plomb, d'après l'antique.

299. Un Bas-Relief en plomb, moulé fur l'antique,
repréfentant un jeune Faune & une Bacchante, avec
un enfant fur une chèvre. — Hauteur 7 pouces, largeur 14 pouces.

ANTIQUITÉS ÉGYPTIENNES, GRECQUES, ROMAINES ET MODERNES; FIGURES ET BUSTES; VASES ET TABLES.

Antiquités Égyptiennes.

300. Ifis en bafalte verd, agenouillée, tenant dans
fes deux mains deux boules; la plinthe & le revers
ornés d'hiéroglyphes. Ce rare & précieux monument
fut apporté d'Egypte par le feu duc *de Chaunes*,
& provient en dernier lieu de la vente de *Juliot*,
où il fut vendu fous le n.º 135, 440ᶠ. — Hauteur
12 pouces.

Marbres antiques.

301. Une Femme tenant dans fes deux mains un papier déroulé; on lit fur fon focle KOPINNA. Cette
jolie Figure de marbre tranfparent, eft jafpée dans
fa draperie comme de la Brêche violette. — Hauteur
18 pouces.

Idem.

302. Une Figure de Femme drapée, à laquelle il
manque la tête & les mains. — Hauteur 19 pouces.

Antiques du Bas-Empire en marbre blanc.

303. Une Madelaine, les cheveux épars, les bras

croifés fur la poitrine , le refte enveloppé d'un grand manteau bien drapé. Ce joli morceau eft rempli de fineffe & de grâce. — Hauteur 18 pouces.

304. Une Statue d'Homme , de genre égyptien, du temps d'*Adrien* ; les bras font modernes. Cette ftatue fut apportée d'Italie par le feu duc de *S.-Aignan* , alors ambaffadeur à Rome. — Hauteur 6 pieds avec focle.

M I C H E L - A N G E.

305. Une petite Statue d'Hercule en marbre, du plus beau travail. Il tient de la main droite fa maffue , fur laquelle il s'appuie , & de la gauche place derrière lui des boules. Ce rare morceau a été fracturé dans les jambes. — Hauteur 15 pouces & demi.

Statue en marbre.

306. La Vénus dite de Médicis , très-belle & ancienne copie dont quelques doigts ont été fracturés. — Hauteur 5 pieds & demi , y compris le focle.

Statue en or & argent.

307. Un petit Guerrier armé de pied en cap, dont la vifière du cafque eft mobile , & laiffe voir fon vifage qui eft en or, ainfi que fon panache, fon épée & fon bouclier, autour duquel on lit ces mots : *Moriendo Plalazerres ibo.* — Hauteur 2 pouces. L'on ne peut voir rien de mieux exécuté que cette jolie figure , qui aura été portée au cou de la dame de ce chevalier , comme les anciens portoient des amulettes.

Buftes antiques.

308. Un joli Bufte de Femme , de travail grec , en marbre de Paros. Le nez a été reftauré. Ce morceau mérite l'attention des amateurs de la belle fculpture. — Hauteur totale , 18 pouces.

(75)

Buſtes antiques.

309. Le buſte d'un jeune Empereur romain , portant
les cheveux courts , le corps ajuſté d'une draperie,
élevé ſur piedouche. — Hauteur 19 pouces, largeur
12 pouces.

Idem.

310. Un ſort buſte de Platon.

Idem.

311. Un buſte de guerrier.

Idem.

312. Deux buſtes de Femmes, de la collection d'*Adam*,
& gravés dans ſon recueil.

Buſtes en marbre moderne.

L E P A U T R E.

313. Un ſuperbe Buſte d'Alexandre , de forte proportion , copié d'après l'antique , & bien conſervé.
— Hauteur 3 pieds ſans le piedouche, largeur 2
pieds.

Buſte de marbre.

314. Le buſte d'un ſavant du temps des *Médicis.*

Marbre.

315. Deux Médaillons très-ſaillans des buſtes de *Néron*
& de ſa femme, ſur fond de pierre.

G I R A R D O N.

316. Le buſte d'Apollon, médaillon en marbre , de
proportion naturelle, exécuté pour le Régent , &
venant de Bagnolet. — Hauteur 24 pouces, largeur
18 pouces, de forme ovale.

COUSTOU.

317. Olympie, médaillon en marbre, exécuté à Rome pour le duc de *Sains-Aignan*, alors ambassadeur. L'on ne peut voir rien de plus beau & ni de plus agréable ; profil de proportion naturelle. — Hauteur 26 pouces, largeur 20 pouces, de forme ovale, avec bordure.

Bronzes antiques.

318. Un Génie ailé, propre à former un candelabre ; morceau rempli de grâce & d'élégance, de belle sculpture grecque ; la bobèche rajoutée est moderne. — Hauteur 15 pouces. Il est élevé sur une boule de cuivre doré, & placé sur un fût de marbre vert antique, dont la base est en bronze doré d'or mat. — Hauteur 8 pouces. Il provient du cabinet du duc *de Brissac*.

Idem.

319. Un Mercure assis, bronze antique ; morceau capital, de belle sculpture grecque. Il porte 10 pouces de hauteur, & provient de la collection du prince *Monaco*.

Idem.

320. Un jeune Lutteur victorieux, joli bronze, d'une belle conservation. — Hauteur 5 pouces.

Idem.

321. Un jeune Homme, un genou en terre, tenant une coquille sur l'épaule droite & un bâton de la main gauche ; bronze rare du Bas-Empire. — Hauteur 10 pouces.

Bronzes modernes.

322. Un ancien Buste de Femme, moulé sur l'antique en Italie, & qui avoit été doré. Il est placé sur son pied douche en marbre. — Hauteur totale 21 pouces, largeur 12 pouces ; morceau de la plus belle exécution.

Bronzes par CLODION.

323. Deux Flambeaux, chacun composé d'un petit
satyre se tenant le ventre, & portant sur la tête
une bobèche de porcelaine de Sèvres bleu foncé, &
ornemens arabesques garnis de pieds douche; gorge,
culots & bobèches en bronze doré au mat, le tout
posé sur socle de cuivre & petit fût de colonne
de beau marbre vert antique, avec base à tors de
laurier & corde. Cet article précieux & du meilleur
goût a été exécuté avec le plus grand soin. — Hauteur 12 pouces.

Vases étrusques.

324. Douze Vases étrusques dont plusieurs capitaux
& à sujets, de diverses grandeurs, qui seront détaillés.

Urnes cinéraires.

325. Deux Urnes cinéraires en pierre & terre cuite
antiques, renfermant des ossemens romains, de 12
& 14 pouces de haut.

Antiquités.

326. Dix-sept morceaux antiques, fragmens de Bas-
Reliefs, en terre cuite & en marbre, parmi lesquels
il est plusieurs morceaux du beau temps de l'art.

Idem.

327. Plus de 30 morceaux de Peintures antiques, de
Mosaïques, de dépôt de Sedimens & matières vol-
caniques, &c., parmi lesquels il s'en trouve un avec
une petite coupe de grenats.

Idem.

328. Médailles antiques en or & en argent.

Granit rose.

329. Deux Vases capitaux & du plus beau volume,

le couvercle en calotte, couronné d'une pomme de
pin de même matière, est sur un quart de rond;
entre deux listels décorant le haut du corps du vase,
qui est séparé vers le culot par un quart de rond;
ils sont élevés sur piédouches de même matière, &
décorés de chaque côté du corps, de têtes, de soleils, avec volutes & feuilles d'ornemens. — Hauteur 44 pouces, diamètre 20 pouces, compris les
bronzes. Ils viennent de la vente de M. *Dupéreux*,
n.º 4.

Ces deux beaux vases sont propres à décorer de
grandes niches ou bas d'escalier. On invite les amateurs à les voir sur la rampe du jardin, où ils sont
placés & où on les vendra.

Granit.

330. Deux vases de belle forme, de granit violet &
blanc, enrichis de danses de femmes coiffées à l'é-
gyptienne, le corps nu, les cuisses terminées en
queues de dauphin, & ornés aussi de culots à feuilles
en bronze doré d'or moulu. Ces deux morceaux sont
de la plus belle forme & d'une belle exécution.
— Hauteur 23 pouces, diamètre 14 pouces.

Ametiste d'Angleterre, ou *spatre fluor du duché de Derbishire.*

331. Un Vase en forme d'Urne de la plus belle forme,
& l'un des plus grands volumes de cette belle matière, évidé à 6 lignes d'épaisseur. Les moulures
sont de la plus grande pureté, & la couleur des
plus riches. Il a le couvercle surmonté d'une boule
élevée sur piédouche & socle. — Hauteur 15
pouces, diamètre 10 pouces. Un piédestal de même
matière, avec corniche & base en marbre blanc,
le tout de 7 pouces en carré. L'on ne peut rien pos-
séder de plus beau de cette matière. Il provient
de la vente de feu M. *de Calonne.*

Jaspe rouge.

332. Une Cuve de forme antique, d'un beau travail, de 10 pouces de long fur 27 lignes de hauteur, élevée fur un focle de brèche violette de la plus belle qualité, de 10 pouces fur 4 pouces & demi.

Mofaïque antique.

333. Une Table fond blanc, le milieu orné d'une guirlande ovale, & de deux ronds ornés de rofafes coloriées, & de huit autres petits. Les intervalles font remplies de guirlandes de feuilles de vignes, le tout entouré de marbre bleu grec.

Cette Table qui fut apportée d'Italie par le cardinal de *Bouillon*, & qui étoit au feu duc, a, de tout temps, été regardée comme le plus parfait & le plus beau morceau de mofaïque antique connu, & le mieux confervé. — Longueur 34 pouces & demi, profondeur 18 pouces 10 lignes.

Pavé antique.

334. Un morceau de Pavé antique de cinq marbres variés, à deffin de lofange, en porphyre rouge, ferpentin vert, jaune antique & marbre blanc, de forme ronde, de 30 pouces de diamètre. Ce morceau fut rapporté de Rome par M. *Boutin*.

Meuble.

335. Une Table en mofaïque & compartimens de jafpes, Porphyre, granit & lapis de la Sicile & d'Orient, avec encadremens, d'autres de rouge antique & plate - bande, de jaune antique ; le tout placé fur un pied de bois noirci, à quatre pieds ronds & entre - jambe, & couvert d'ornemens en bois fculpté & doré, de forme & de goût excellent. Ce meuble, rare & extraordinaire, provient de la vente de la ducheffe de *Grammont-Choifeul*. — Hauteur & largeur 32 pouces, profondeur 18 pouces & demi.

Marbre.

336. Une Table de porphyre vert, de la plus belle qualité ; de 41 pouces fur 20 pouces & demi, de 20 lignes d'épaiffeur ; le tout plaqué & élevé fur un riche pied de bois, à fond de verre bleu foncé & à deffin de figures & ornemens dorés, à 4 pieds carré. — Hauteur totale, 32 pouces.

Vert d'Ecoffe.

337. Belle Table de 37 pouces de long fur 18 de profondeur, d'un pouce d'épaiffeur.

Socles de matières précieufes.

338. Quatres Socles, dont deux en rond, de 26 lignes de diamètre en lapis-lazuli, à vive arrête & d'un beau poli, & deux Socles triangulaires en porphyre rouge, de la plus belle qualité, de 36 lignes d'un angle à l'autre.

Idem.

339. Socles, l'un en jafpe de Sybérie, marron & vert, de 33 lignes fur 9 d'épaiffeur, à bifeau & d'un beau poli ; & un autre Socle de jafpe de Sicile, de 36 lignes fur 12 d'épaiffeur, à bifeau & du plus beau poli.

Idem.

340. Un très-beau Socle d'agathe, amethyfte, cornaline, jafpe rouge & cryftalin, de 6 pouces fur 4 & demi, & de 11 lignes d'épaiffeur.

Idem.

341. Quatre Morceaux, favoir un cercle d'Eliotrope, dont parle *Pline*, de 26 lignes. Deux petits Fûts de prime verte amétifte, & un autre Socle carré d'efpèce rare.

Socles

Socles de matières précieuses.

342. Cinq Socles en porphyre , pierre de touche, albâtre , & un piédouche en bronze doré , en tout
six pièces.

Socles de marbres précieux.

343. Un très-beau Socle de forme ronde , jeaune
antique , de 9 pouces de diamètre sur 2 pouces 9
lignes d'épaisseur.

Vert antique.

344. Un Socle carré , avec moulure & encadrement
de cuivre, ainsi que socles & rosettes, le tout doré.
— Largeur 8 pouces & demi , hauteur 39 lignes.

Prime verte.

345. Un très-beau Socle d'espèce de crystallin & tranfparent, d'un pouce d'épaisseur, de 6 pouces &
demi en carré , élevé sur quatre petites boules à
côtes dorées.

Granit rose oriental.

346. Un Socle de 6 pouces carrés , de 18 lignes d'é-
paisseur.

Granit noir & blanc , & rose oriental.

347. Un joli Fût de colonne de granit noir & blanc ,
de 3 pouces 4 lignes de hauteur, sur 3 pouces de
diamètre. Un autre Socle rond en granit rose , de
3 pouces 9 lignes de diamètre , sur 1 pouce d'é-
paisseur.

Porphyre vert & rouge.

348. Deux Socles de 3 pouc. & demi chacun en carré.

Granit.

349. Deux Socles de beau granit de 16 pouces en

carré, propre à porter des statues, enrichis d'une plinthe, feuille d'eau, en bronze d'oré dor moulu. 7 pouces 3 lignes de hauteur.

350. Socles de marbre en bleu turquin, jaune antique, albâtre & griotte d'Italie, qui feront détaillés.

351. Un grand Socle carré en quatre parties, en bleu turquin, & plusieurs autres objets différens.

352. Deux Tables de marbre de 5 pieds 1 pouce de largeur, 2 pieds 2 pouces & demi de profondeur, 15 lignes d'épaisseur.

353. Six Colonnes & Fûts de différens marbres, propres à différens usages, dont deux avec chapitaux en marbre blanc, qui feront détaillés.

Stuc.

354. Un Piédestal en stuc, imitant le jaune antique, de beau profil, & orné d'un bas-relief en cuivre. Sur le devant, font représentées les noces de *Persée*. Il est encadré de cuivre doré d'or mat. — Hauteur 30 pouces sur 14 carré.

Idem.

355. Deux Fûts de Colonne canelée, avec gorges, cardrons & bâses. — Hauteur 13 pouces, diamètre 7 pouces.

Plâtres sculptés.

356. Quatre Candelâbres de la plus grande richesse & du meilleur goût. — Hauteur 5 pieds, largeur de leur bâse 17 pouces.

357. Les cinq Ordres d'Architecture, exécutés en talc de plâtre. — Hauteur 17 pouces.

358. Le Tombeau de *Scipion*, en plâtre. — Hauteur 8 pouces, largeur 12 pouces.

Bois sculptés.]

359. Un petit Modèle en bois, par *Chall*, du Tombeau *Corcini*, dont le grand est en porphyre rouge dans S.-Jean-de-Latran. C'étoit anciennement le tombeau d'*Agrippa* , à la Rotonde. Il vient de la vente que nous avons faite du cabinet de M. *Coclers* , n.° 352. — Hauteur 11 pouces, largeur 13.

***

PIERRE GRAVÉE EN RELIEF,
APPELÉE *CAMÉE* , OUVRAGE GREC.

360. Une Pierre onyx sur sardoine maron, & d'un blanc argenté, le sujet de Phixus traversant l'Hellespont pour aller en Colchide. Il est représenté assis de côté sur une chèvre marine, dont la croupe & la queue sont en forme de poisson ; il se tient du bras droit à la corne gauche, & de son bras gauche à la queue. Sa cuisse & sa jambe gauche sont relevées, & son pied appuyé sur les reins de l'animal. Cette pierre capitale & de premier ordre est du plus beau & du plus fin travail ; sa composition nous rappelle celle de *Michel Ange*. Aussi avons nous résisté, jusqu'à présent, à des offres considérables qui nous ont été faites ; il ne falloit pas moins que la vente générale de tous les objets de notre préférence & de notre goût pour les belles productions des arts, pour que nous puissions nous en défaire.

Elle porte 10 lignes de hauteur sur 14 de largeur, de forme ovale en travers. Cette Pierre, qui est félée perpendiculairement, a été doublée pour la maintenir ; elle est montée en épingle en or émaillé par M. *Vachette*, & de forme extérieure, à huit pans.

Pierre antique gravée en relief.

361. Jupiter changé en Satyre allant visiter Antiope, pierre de couleur sardoine, sur fond blanc de lait du plus beau travail. Ce fragment rare faisoit partie d'un grand camée de 3 pouces de long, dont l'autre

partie repréfentoit Antiope endormie , exécutée en blanc, & la draperie que levoit Jupiter perdoit infenfiblement fa couleur fardoine. M. *Tonnelay*, de Londres, dont le parlement d'Angleterre a fait acheter le cabinet, poffédoit l'Antiope ; mais un morceau triangulaire qui manquoit dans le milieu n'empêcha pas M. *Tonnelay* de defirer d'acquérir celui-ci que je ne lui ai point cédé, malgré fes offres généreufes ; je l'ai refufé auffi à M. *Hitroff*, dont j'ai l'offre & le billet fignés. — Hauteur 18 lignes, largeur 9 lignes, de forme ovale, montée en épingles.

Pierre antique gravée en relief.

361. Une **Pierre** précieufe, de travail grec, vendue fous le nom de *Bufte du Palladium*, dans le catalogue de M. *d'Ogny* ; elle repréfente une Victoire dont le cafque eft de couleur fardoine ; le panache, la figure, le bouclier & la lance font de blanc de lait, fur fond fardoine, onyx de trois couleurs tranf-parentes, du plus bel orient, portant 5 lignes de hauteur, de forme ovale, n.° 130 du catalogue de la vente de M. *d'Ogny*.

Idem.

363. Une jeune Fille venant facrifier au dieu Therme, onyx à deux lits blancs fur fond fardoine, de beau travail antique, forme ovale de 7 lignes de hauteur, fur 4 de largeur.

Idem.

364. Achille dans un char atelé de deux chevaux, pierre onyx cornaline à 3 lits, de travail grec ; morceau précieux fracturé, matière fuperbe.

Idem.

365. Apollon & Thétis chez Vulcain, compofition de 3 figures d'un beau blanc, fur fond d'agate tranf-parente, monté fur fond brun, de travail romain

d'un deſſin fin & élégant. — Hauteur 6 lignes,
largeur 8 lignes.

Idem.

366. Une Pantherre gravée en relief, de blanc jau-
nâtre, tachetée de mouches rouſſâtres, ſur fond
ſardoine mouſſeuſe tranſparente, de 7 lignes de
hauteur, ſur 9 de largeur.

Relief moderne.

367. Une Tête d'Empereur & d'Impératrice, onyx à
cinq lits, montée en épingle.

PIERRES GRAVÉES EN CREUX.

368. Une Vermeille en grenat du plus beau travail
grec, repréſentant une jolie tête de femme, portant
une coiffure drapée, de forme ronde, montée à 8
pans. Ce morceau précieux eſt fêlé.

369. Une Tête de femme vue preſque de face, coiffée
en cheveux, portant un collier, gravée ſur cornaline antique.

370. Un Grain onyx, ſardoine & blanc mat, non
monté, préſentant une tête de femme, de haute
antiquité, portant inſcription grecque.

371. Une Tête d'Apollon couronnée de laurier, de
travail étruſque, ſur cornaline.

372. Deux Bagues, dont Homère & Eſculape, l'une
ſur cornaline.

373. Trois autres Bagues antiques, ſavoir une tête
d'homme ſur améthiſte ; un Mars victorieux ſur cornaline, & un buſte de femme, ſur cornaline cabochon.

374. Un onyx rubanné à trois couches, repréſentant
un gladiateur victorieux.

375. Trois Enfans gravés ſur *Nicoloo*, onyx à deux
lits.

376. Un onyx à quatre lits, celui du plateau cor‑
naline.

Par G A Y , *fur fardoine.*

377. Jupiter & Antiope, gravés fur une belle fardoine
foncée, d'un beau travail, venant des cabinets *Ju‑
lienne* & de *la Reyniére.*

378. Divers objets, dont trois pierres gravées, un
œil de chat, une chatoyante & un petit finge d'ancien
travail, fculpté en ronde‑boffe , propre à faire un
beau cachet.

BOITES PRÉCIEUSES.

Prime d'Opale.

379. Une Boîte formée de fix plaques pleines , fans
doublure , ouvrant à charnière , montée en cage.
Cette boîte capitale eft de la plus haute curiofité ;
c'eft une mine d'opale , dont les plus riches & les
plus belles couleurs jettent un feu éclatant. — Haut.ᵗ
de la boîte , 15 lignes , longueur 34 , fur 19.

Agate d'Orient.

380. Une Boîte d'agate orientale , la cuvette d'un
feul morceau creufé , avec tronc d'arbre herborifé
dans le fond , le couvercle enrichi fur le devant &
autour d'herborifations. Grand morceau de 30 lignes
fur 18 , de forme ovale.

Platine.

381. Une belle Boîte de platine , de forme ronde ,
le deffus enrichi d'un camée en or repréfentant
l'Amour jouant de la lyre & monté fur un lion ,
gravé par *Dupré.* Cette boîte , qui n'eft pas ce que
l'on a exécuté de plus parfait en platine , offre ce‑

pendant une curiofité particulière, en ce qu'elle a été la première faite en France pour Louis XVI, par les foins de M. *d'Angivilliers*, avec le platine en poudre que l'on reçut d'Efpagne ; alors on ne connoiffoit pas le moyen de le rendre maléable & fans alliage.

Ancien Laque du Japon.

381. Une petite Boîte de 22 lignes fur 18, en ivoire couvert de vernis du Japon. On y remarque deux petites figures de femme, d'or en relief, avec plantes de fleurs & arbres ; morceau extraordinaire & de la plus haute curiofité. Plus, une autre petite Boîte, forme d'évantail, en laque du Japon, fond or & à grains d'or.

Empreintes des plus belles Pierres.

383. Neuf Boîtes, contenant les fouffres tirés fur les plus belles pierres antiques ; très-belles fuites d'Italie.

Idem.

384. Deux Cadres, l'un contenant quatre Médailles fous verre ; l'une pour la manufacture d'horlogerie ; *Brutus*, *J. J. Rouffeau*, & une frappée pour l'Amérique. Un autre Cadre, contenant 63 fouffres des plus belles pierres, montés fous verre.

PEINTURES EN ÉMAIL.

W. BOURNE.

385. Le Portrait du général Washington, vu en bufte & en habit uniforme. Bel Email de la plus grande ref-femblance, d'après *Trumboul*. — Hauteur 25 lig., largeur 21 lignes, de forme ovale, dans fa bordure de cuivre doré.

Emaux de Limoge.

386. Un Vafe d'ancien émail, repréfentant l'hiftoire
de Pfyché ; compofition de dix-huit figures dans le
ftyle de *Raphaël*, le tout faifant le tour du Vafe.
Il eft furmonté de fon couvercle à deffin d'ornement de même émail ; le piédouche, la gorge &
le bouton en bronze. — Hauteur 8 pouces, largeur
4 pouces.

Idem.

387. Mars, Vénus & l'Amour furpris par Vulcain,
& autres dieux ; compofition de huit figures. Ce rare
& fin morceau eft d'un deffin correct & favant, il
prouve à quel point le bon goût des arts étoit déja
connu. — Hauteur 19 lignes, largeur 37 lignes.

Idem.

388. Une Coupe de belle forme, à côtes faillantes,
avec gorge à revers, élevée fur piédouche de même
genre ; le tout émaillé fur cuivre rouge, des couleurs bleu, puce, vert, blanc, avec deffins variés
en or. Cette Coupe capitale, eft du plus grand
volume. — Diamètre 12 pouces & demi, hauteur
10 pouces & demi.

Terre d'Urbin.

389. Un Vafe repréfentant fur le tour, Vénus, Adonis & l'Amour, du plus beau ftyle. Ce Vafe a un
marcaron qui lui fert de bec, furmonté d'une ance ;
le tout colorié felon le goût du temps. Morceau
de la plus belle confervation. — Hauteur 10 pouces,
diamètre 5 pouces.

PORCELAINES D'ANCIEN JAPON , DE LA CHINE , DE SAXE ET DE SÈVRES.

Ancienne première sorte coloriée du Japon.

390. Deux belles Bouteilles à huit pans , fond blanc , ornées de plantes , de fleurs coloriées à broderie , avec collet garni , surmonté d'un gland , & pieds à feuilles d'eau , en bronze doré au mat.— Hauteur 10 pouces.

Ancien craquelé fin du Japon.

391. Un morceau extraordinaire , appelé porcelaine de l'Empereur du Mogol. Il repréſente une eſpèce de Magicien chinois , à cheval ſur un monſtre marin ; colorié de bleu , vert , rouge & or. Ce précieux morceau vient du cabinet du feu duc *de Bouillon* , où il excitoit une vive attention. Il eſt monté ſur une terraſſe d'ornemens & roſeaux en bronze doré d'or moulu. — Hauteur 10 pouces , larg.ʳ 12 pouces.

Idem.

392. Deux Flacons à ſix pans & à panneaux , avec jolis arbuſtes coloriés or , vert & bleu ; ainſi que le deſſus , orné de ſix roſaſſes à pieds & boutons en bronze doré.— Haut.ʳ 9 pouces , diamètre 3 pouces.

Ancien blanc du Japon.

393. Deux très-beaux Cornets , avec plantes de fleurs en relief , garnies de gorges & pieds en bronze doré. — Hauteur 16 pouces.

Ancien Japon colorié.

394. Cinq Vaſes , forme de cornet , fond blanc , à

broderie tombant du collet & fond rouge , orné
dans le tour de tiges de fleurs coloriées , avec broderie fur le pied ; le collet garni d'un cercle à
feuilles d'eau & de pieds à feuilles de laurier , doré
au mat, & d'une belle cifelure. Cet article capital
eft du plus beau choix. — Hauteur 14 pouces , diamètre 6 pouces.

Japon de couleur.

395. Deux grands Cornets, fond blanc , à deffin de
broderie au collet, enrichie vers le bas, de plantes
& d'arbuftes bleu , rouge & or. Ces deux morceaux
capitaux font de belle forme , & bien confervés.
— Hauteur 23 pouces & demi, diamètre 11 pouces
& demi du collet.

Ancienne Chine.

396. Quatre Vafes ; dont deux , forme d'urne alongée,
fond bleu lapis, à cartouches blancs, enrichis d'objet de couleur variée , garnie de collet à double
anfe quarrée, terminés par des mafques de fatyre ,
avec culots & pieds à quatre confoles , en bronze
doré d'or moulu. — Hauteur 11 pouces.
    Deux Cornets de même genre , à panneaux &
deffin d'évantail. — Hauteur 10 pouces.

Bleu Lapis de la Chine.

397. Un Vafe , forme d'urne longue , garni d'une
gorge à entrelas , rinceaux d'ornemens & anneaux ;
le couvercle furmonté de feuilles & pomme de pin ;
élevé fur piédouches à filet uni. — Hauteur 10 pouces,
diamètre 4 pouces.

Porcelaine de la Chine.

398. Deux fortes Urnes d'ancienne Chine ,
décorées de batailles mémorables de cett richement
— Hauteur 18 lignes, largeur 12.   e contrée.

399. Plufieurs morceaux , comme Bouteilles , Sou-

coupes & belles Porcelaines anciennes, qui feront
vendus fous ce n°.

Porcelaine d'ancienne Saxe.

400. Un Cabaret, fond vert-d'eau, à cartouches,
enrichis de fujets coloriés fur, fond blanc; compofé
de 6 Taffes, leurs Soucoupes, Théière & fucrier.
Il y a égrennure au couvercle de la Théière & au
bord d'une Taffe, ce qui ne porte aucun préjudice
à ce rare & bel affemblage, lequel provient de la
vente du *chevalier de Saint-Martin*, n.° 116;
vendu 146^{fr}.

401. Un Bouquet de Fleurs d'Italie dans un Vafe de
porcelaine de Saxe, fous cage de verre. — Hauteur 17 pouces, largeur 18 pouces.

Bifcuits de Sèvre, par BOISSOT.

402. La Force du Peuple, repréfenté tenant une
maffe d'Hercule & appuyé fur la ftatue de la Liberté & de L'Egalité. — Hauteur 30 pouces. Le
bras & la maffue ont été fracturés.

RICHES MEUBLES DE MARQUETERIE,

PAR LE CÉLÈBRE *BOULE*.

---

403. Deux Bas-d'Armoires. Le devant compofé d'un
avant-corps carré avec panneaux à fond écaille &
deffins de marqueterie enrichiffant les bas-reliefs;
d'Apollon & d'Aphné, & d'Apollon faifant écorcher
Martias; à filets & encadremens de cuivre à fond
fablé & doré; le haut orné d'une grande feuille
d'eau faifant corniche; & par bas, de panneaux &
rofaces en bronze, pofant fur huit boules garnies de bronzes dorés d'or moulu. Ils font cou-

verts de deux beaux marbres de Sicile. — Hauteur totale 36 pouces, largeur 41 pouces.

404. Deux belles Armoires ouvrant à trois battans ; le milieu & les côtés en retour font en marqueterie, fond écaille, deſſins d'ornemens de cuivre & étain. Les deux panneaux de face offrent une des Saiſons, élevée ſur une conſole & couronnée d'un baldaquin à draperie ; le tout encadré de moulures en étain gravé, à filets de cuivre & ornemens, ainſi que tout le tour de la plinte ; enrichies de corniches à oves & feuille d'eau, d'encadremens, moulures & roſaſſes ; & pieds en bronze doré d'or moulu. Elles font couvertes de leur marbre. — Hauteur 3 pieds 3 pouces, largeur 56 pouces ; profondeur 18 pouces

405. Deux Bas - d'Armoires ouvrant chacun à trois battans ; le panneau du milieu à deſſins de marqueterie & fond écaille ; le tout enrichi de 4 figures à encadrement, moulures, corniches à feuilles & oves en bronze doré d'or moulu. — Hauteur 40 pouces, largeur 53 pouces.

406. Deux grandes armoires à trois panneaux, dont celui du milieu en marqueterie, enrichis de maſques de bronze ; les coins à équerres, àvec doubles moulures en feuilles d'eau & autres ornemens ; les deux panneaux de côtés garnis de leurs glaces, à encadremens de marqueterie, enrichis d'équerres, entourés de ferrures & roſaſſes en bronze, ſur pieds carrés & à boules ; le milieu enrichi d'un maſque de Satyre. — Hauteur 4 pieds 2 pouces, longueur 6 pieds 2 pouces, profondeur 13 pouces. L'on y a ajouté, ſur le derrière, un corps de 9 pouces & demi, que l'on peut ôter facilement. Deux des glaces font caſſées.

407. Un riche Meuble ouvrant à trois battans & à panneaux à bouquets de fleur, oiſeaux & ornemens en bois de couleur, encadré de plates bandes à deſſin de marqueterie, de cuivre & écaille, garni dans les coins de roſaſſes, élevé ſur un ſocle de marqueterie & de

moulures en bronze doré, le haut du milieu dudit Meuble enrichi d'un masque d'homme, environné d'ornemens ; le tout de bronze doré à fond bleu, & dessin de marqueterie fond étain. — Hauteur 43 pouces, largeur 63 pouces, profondeur 10 pouces. Un beau marbre bleu turquin presque de même grandeur.

408. Une jolie Table à six pieds & Consoles à mascaron, & poignées placées au milieu du tiroir, les coins arrondis, le haut des Consoles orné de masque de satyres, les six pieds du bas terminés par un entrejambe à filets de marqueterie orné en bronze, le dessus orné d'une riche marqueterie & cardron à gaudron ; morceau fin & du meilleur genre de *Boule.* — Hauteur 28 pouces, largeur 41 pouces.

409. Une Table à quatre pieds en consolle, chantournée à 4 masques de satyres, terminée par le bas par une grande feuille d'ornement, ornée sur le devant de masque de femme, à poignées, & rinceau d'ornement en marqueterie & fond écaille, enrichie de même sur les retours, le dessus en maroquin noir, enrichie d'un cardron à gaudron. — Hauteur 17 pouces, largeur 32 pouces.

410. Une semblable à la précédente, contre-partie de même grandeur.

411. Uune grande Armoire ouvrant à deux battans, fond écaille & marqueterie enrichie de bronze, avec corniche, couronnement, socle, base, & pieds en bronze doré d'or moulu. — Hauteur 7 pieds, largeur 4 pieds 4 pouces.

412. Une Commode à quatre tiroirs à masques de femme & poignées, garnie de consoles, & pieds de limaçon à filets de cuivre, carderon, &c., couvert de son marbre vert de mer. — Hauteur 32 pouces, largeur 48 pouces.

413. Un Socle en marqueterie, fond écaille, de forme carrée, à console à revers ; le tout garni en bronze

doré. — Hauteur 3 pouces & demi, largeur 20 pouces.

Marqueterie.

414. Deux Meubles ouvrant à deux battans, à glaces à encadrement de marqueterie, les retours à panneaux de marqueterie & corniche, élevés chacun sur des boules tant de cuivre que de bois. — Hauteur 40 pouces, largeur 56 pouces, profondeur 20 pouces.

Idem.

415. Deux Meubles ouvrant chacun à deux battans & à bascule, en bois d'ébène, à filets & moulures de cuivre, à encadrement rosasse, & entre-pieds en ville en bronze doré ; ils sont ornés de pilastres cannelés, en cuivre, & couverts de leur marbre à moulures & filets. — Hauteur total 30 pouces, largeur 36 pouces, profondeur 14 pouces.

Bois des Indes.

416. Un petit Meuble en bois satiné gris, à deux faces, composé dans le haut d'un tiroir dans toute la longueur, au-dessous & dans le milieu d'un tiroir carré ; aux deux côtés sont deux tablettes ; le dessus couvert d'un marbre blanc ; élevé sur quatre pieds à roulettes : le tout garni de bronze doré. — Hauteur 30 pouces, largeur 47 pouces. Ce joli meuble est infiniment commode & utile.

417. Un Piano-Forte par *Jean Zumpe*, Londres 1780, avec 3 pédales. — Hauteur 30 pouces, largeur 55 pouces, dans la boîte, en bois d'acajou.

Acajou.

418. Une Table de *Wish* ployante, en bois d'acajou massif, couverte d'un tapis de draps vert.

GIRANDOLES, FLAMBEAUX, *& autres Objets*
dorés au mat & d'or moulu.

419. Deux Girandoles de cheminée & de table, de genre arabefque, portant chacune trois Bobêches de forme de corne d'abondance ; rinceau d'ornemens & quille furmontés d'une pomme de pin ; le tout s'élevant fur un trépied triangulaire à tête de bélier, rinceaux d'ornemens & pieds à griffes de lion.—Hauteur 18 pouces.

420. Deux Flambeaux de *Boule*, ornés de bas-reliefs offrant un concert champêtre ; enrichis de huit Ornemens, & portant chacun quatre petites Confoles, le tout d'une cifelure précieufe. Ces deux morceaux de grande rareté, viennent du cabinet du feu préfident de *Nicolaï*. — Hauteur 10 pouces.

421. Deux Flambeaux de *Boule*, compofés, l'un d'un Satyre affis fur un tigre, tenant une corne d'abondance portant bobêche ; l'autre d'un Dauphin portant une Naïade, qui tient fur fa tête une coquille fervant de bobêche. Ces deux morceaux font d'une belle cifelure & bien dorés. — Hauteur 13 pouces.

Médaillon à deux faces.

422. Henri IV & Marie de Médicis. Au revers, belle Médaille dorée & encadrée dans une petite bordure à feuilles de laurier dorées au mat, de la plus belle exécution. — Deux pouces de diamètre.

DIFFÉRENS OBJETS DE CURIOSITÉ.

423. Deux Etriers chinois en fer, recouverts en laque, & à plaques d'or : morceau très-rare & de grande

curiosité, provenant du cabinet du prince *Charles*,
à Bruxelles.

424. Une Canne à Rosasse & à étoiles incrustées en
burgos, d'un travail précieux ; la pomme de cristal
de roche taillé : le tout garni en argent. — Hauteur
43 pouces.

425. Deux Socles en bronze doré, l'un de 7 pouces ;
& l'autre de 5 pouces.

426. Une Boëte remplie de divers objets en cuivre
doré & non doré, dont plusieurs moulés sur *Boule* ;
ciselés & prêts à être dorés, qui seront détaillés.

427. Onze grandes Bordures, qui seront détaillées.

428. Dix autres plus petites, qui seront détaillées.

429. Différens Objets en tout genre qui auroient pu se
trouver omis, & qui seront détaillés sous ce N°.

430. Morceaux d'Histoire naturelle, tels que Tasses
& morceaux d'Agathe orientale, Cailloux polis, Minéraux de Hongrie, de Sibérie, dont une suite de
Mines d'argent, Coquilles, & autres Objets de
choix.

Agathe orientale.

431. Une jolie Tasse de bel Orient herborisé, de 18
lignes de hauteur, avec sa soucoupe de 26 lignes
de diamètre.

Idem.

432. Trois Morceaux, savoir : un Manche bien tra-
vaillé de belle Agathe d'Orient, avec herborisations ;
une Cuvette de boîte ronde, de 28 lignes de diamètre, cannelée & à monture, propre à faire un joli
socle ; une longue Aiguille en jade vert, de 7 pouces
à peu près.

433. Un morceau du plus grand volume d'Avanturine
blanche

blanche, taillé en manche de poignard, propre à
faire un manche de couteau, ou à faire un étui, portant 4 pouces & demi de longueur. Cet objet, par
fa rareté & fa beauté, mérite l'attention des perfonnes jaloufes de poſſéder quelque chofe d'unique.

434. Quarante-huit différens Morceaux, la plupart
polis & taillés, de Cailloux, Onyx à pluſieurs lits,
Agate chatoyante, Lumaquelle, Jafpe de différens
pays, Racine de Bois pétrifié, Sardoines, Aventurine
blanche, Cailloux œillé & jafpé; le tout devant
être vendu en un lot.

435. Deux Coquilles, favoir, la Scalata de 18 lignes,
& l'Huître perlière; riche matrice perlière. L'article
fera divifé, fi on le défire.

436. Soixante morceaux d'Efpèces variées, favoir :
Plomb rouge, Malachitte, Canon d'Emeraude, d'Ai-
gle-Marine, Cuivres foyeux, Criſtaux d'Etaim noir
fur quartz, Argent vierge ramifié de Hongrie & de
Bohème ; Fer de l'iſle d'Elbe. Le tout fera divifé
en trois ou quatre lots.

Idem.

437. Une grande quantité de Mines d'or, d'argent &
de plomb de Hongrie.

Idem.

438. Un autre lot de Cailloux; minéraux venant de
la Sibérie.

439. Pluſieurs haches de pierre, de fer & cailloux
fervant aux fauvages & autres peuples.

440. Pluſieurs Minéraux & Criſtalliſations, Couvercles
d'albâtre, &c.

G

FEUILLE
DE DISTRIBUTION ET D'ORDRE

DE LA

Vente du Cabinet de M. Lebrun,

En commençant par le N.° 156, allant de suite jusqu'à 111.

PREMIÈRE VACATION.

Du Lundi 29 septembre 1806.

156. Vallayer Coster. Deux Bas-Reliefs ovales.
299. Un Bas-Relief en plomb.
131. Parocelle. Prédication de S.-Jean.
358. Le Tombeau de Scipion en lâtre.
 82. Bartholomé Bréenberg.
315. Néron & sa femme, médaillon en marbre.
133. Girard. Fleurs & Oiseaux.
353. (Partie) Trois Colones de marbre.
135. (Partie) Grimoux. Deux Tableaux.
353. (Partie) Trois colonnes en marbre.
428. (Partie) Trois Bordures dorées.
113. Copie de Lesueur.
427. Deux Bordures dorées.
 81. Vankessel. Deux Tableaux.
401. Vases de Saxe & Fleurs artificielles.
 54. J. D. de Hem. Bouquet de Fleurs.

352. Deux Tables de marbre.
 43. E. V. Velde. Une Bataille.
402. Bifcuits de Sèvres.
157. Deux Vues de Suiffe.
138. Chardin. Deux Enfans.
350. (Partie) Socles de marbre.
 36. Canaletti. Vue de fa Maifon.
418. Une Table d'acajou.
104. Lubin Baugin. Olinde & Sofs.
 96. Van Romyn. Animaux.
 92. Safs-Leven.
 55. Porbus. Eléonore de Bourbon.
355. Deux Fûts de Colonne en ftuc.
 89. Salomon Ruyfdaal.
124. P. Mignard. Un Cavalier.
 30. Manfredi. La Décolation de S.-Jean.
 38. Zuquarelli.
325. Deux Urnes cinéraires.
102. Lenain. La Madelaine.
 95. Thomas Wick. Un Chimifte.
326. (Partie) Fragmens antiques.
 78. Rochmans. Payfages.
291. Par Clodion, une Terre cuite.
137. Coypel. L'Adoration des Anges.
350. (Partie) Des Socles de marbre.
 22. Vannius. Deux Evangéliftes.
296. Médaillons en ivoire.
  1. Michel-Ange. Jugement dernier.
 85. F. Hals. Un Buveur.
292. Par Bofot, un Groupe.
 70. Herman Swanveld. Payfages
 26. Valerio Caftelli.

G 2

332. Une Cuve de Jaspe.
 34. Gasparo Van Vittelli.
415. Deux Bas d'Armoire.
 12. Scarcelino , da Ferare.
426. Fragmens de cuivre.
 25. C. Liberi. L'Espérance.
 40. C. Vollaire. Deux Vues d'Italie.
399. (Partie) Divers Porcelaines.
111. Lesueur. Bachus & Ariane.

DEUXIÈME VACATION.
Du Mardi 30 septembre.

132. Chavanne. Un Paysage.
384. Médailles & souffres.
155. Sauvage.
398. Deux Urnes de la Chine.
147. Barbau. Six Costumes différens.
298. Quatre Médaillons en cire.
 87. F. Millet. Paysages en rond.
303. La Magdelaine en marbre.
121. Lebrun. La Conversion de S.-Paul.
421. Par Boule , deux Flambeaux à figures.
145. Sablet. Deux Têtes d'étude.
326. Fragment antique.
116. J. Bourdon Massillac.
290. Deux Bas-Reliefs , Clodion.
 41. Peinture sur verre.
348. Socles de marbre.
 11. Le Guerchin. La Fuite en Egypte.
428. Trois Bordures.
 42. Othovenius. Tête de Vierge.
427. Deux Bordures.

31. Luc Jordanne. Tête de jeune Homme.
341. Quatre morceaux d'éliotrope.
342. Cinq Socles de marbre.
100. Blanchard le Quefnoy.
316. Médaillon de marbre.
61. J. Winants. Un Parc.
158. Blaremberg. Vue de Brest.
320. Petit Bronze.
4. Penin. Portrait de Femme.
357. Les cinq ordres d'architecture.
56. Art. Vander Néer. Clair de Lune.
286. Deux Bas-Reliefs.
24. Guido-Cannachi. La Madelaine.
35. Gafparo Van Vitelli. Deux Vues.
125. Lafoffe. Jugement de Midas.
334. Table de pavé mofaïque.
62. Véeninx. Port de mer.
319. Bronze antique.
59. F. V. Mieris. Portrait d'Homme.
321. Bronze, un jeune Homme.
106. Stella. Copie du Pouffin.
66. Vander Elft. Portrait d'Homme.
337. Table de vert d'écoffe.
9. Guide. Sainte Cécile.
416. Meuble en bois des Indes.
2. Annibal Carrache d'après Raphaël.
76. F. Bol. Une Femme à fa toilette.
323. Deux Flambeaux, P. Clodion.
07. André Both. Une Vue d'Italie.
297. Groupes d'enfans, ivoire.
13. Pordenon. La Samaritaine.
69. Moucheron & Wandenvelde.

393. Deux Cornets blancs.
110. Lesueur. Tobie.
122. N. Mignard. Les 4 Saisons.
411. Grande Armoire, de Boule.
 37. Rose de Tivoli.

TROISIÈME VACATION.

Du Mercredi 1.er octobre.

428. Deux Bordures dorées.
 80. Devos. Une Tête de Nègre.
346. Socles granit rose.
 27. Benedette. L'Adoration des Bergers.
427. Deux Bordures dorées.
 53. J. Jordans. Etude de Vieillard.
328. Médailles antiques.
 46. Sneyders. Combat de coqs.
 45. Téniers. Pastiche de Rubens.
154. Sauvage. Bas-Relief.
422. Médaille dorée de Henri IV.
148. M. Vien. Deux Têtes de Femme.
328. Monnoie en argent.
 75. Ph. Champagne. Portrait d'Homme.
324. Vases étrusques.
128. N. Coypel. La Madeleine.
359. Le Tombeau d'Agrippa.
 28. Gaufredi. Un Paysage.
302. Torse de Femme antique.
 77. L. Bramer. Pirame & Thisbé.
 31. F. Molla. La Madeleine.

395. Deux Cornets du Japon.
146. Sablet. Une Tête.
343 & 344. Socles de marbre.
143. Lantara. Payſages.
305. Michel Ange. Un Hercule.
 19. C. Dolce. La Tête de Saint-Jean.
312. Deux Buſtes de Femme, antiques en marbre.
115. J. Bourdon. La Mâne.
317. Olimpie, médaillon.
 99. Blanchard. Saint-Jérôme.
 93. J. Steen.
331. Vaſes d'améthiſte.
109. E. Leſueur. La Charité.
284 & 285. Deux Enfans, par François.
287. Une Lionne, par François.
151 *bis*. Carle Vernet. La Courſe des Chars.
 73. Ph. Champagne, portrait d'un Naturaliſte.
295. L'Amour, par Sarrazin, ivoire.
120. C. Lebrun. Saint Jean l'Evangéliſte.
 84. I. Oſtade. L'hiver.
413. Socles par Boule.
144. J. B. Greuze. Jeune fille.
414. Deux Meubles, de Boule, en marqueterie.
  7. Annibal Carrache. *Ecce Homo.*
336. Tables de porphyre.
 33. C. Maratte. L'Enlèvemeut d'Europe.
397. Petit Guerrier or & argent.
 63. L'Ayp & N. Berchem. Payſages.
405. Deux Meubles ; de Boule.
 44. Gonzales Coques. Les Œuvres de Charité.
400. Cabaret d'ancien Saxe.
 65. N. Berchem.

288. Deux Terres cuites, de Lalgarde.

72. G. Laireffe. Le Commerce.

420. Deux Flambeaux, de Boule.

117. Baptifte. Des Fleurs.

QUATRIÈME VACATION.

Du Jeudi 2 octobre.

134. Forêts, Payfages.
Socles de marbre.

88. Brekelemcamp.

152. Sauvage.

153. Idem.

346 & 347. Fûts de granit, &c.

16. Padouanino. Jeux d'enfans.

351. Socles bleus turquins.

150. Fragonard. Sainte Anne & la Vierge.

340. Socle d'agate améthifée.

8. Copie d'Annibal Carrache.

324. Vafes étrufques.

338. Socles de lapis , &c.

49. Rubens. Sainte-Famille.

428. Trois Bordures dorées.

105. J. Stella. Pfyché.

354. Piédeftal en ftuc.

48. Rubens. Sacrifice.

396. Quatre Vafes de porcelaine.

397. Un idem.

118. P. Puget. Nativité.

394. Cinq Vafes de porcelaine.

20. L'Efpagnolet. Caton.

310 & 311. Deux Buftes en marbre.

139. Carle Vanloo. La Nativité.
79. Koning. Un Payfage.
339. Deux Socles de jafpe.
91. Backuyfen. Marine.
107. Lemaire Pouffin.
281. Un François Flamand.
101. Bourguignon. Une Bataille.
282 & 283. Deux François Flamand.
129. Un Watteau. Scène champêtre.
51. Crayer. L'Affomption.
390. Deux Bouteilles à huit pans.
58. F. Wauters. Mort d'Adonis.
419. Girandoles à trois branches.
119. Ch. Lebrun. Jupiter & Antiope.
417. Un Piano-Forté.
123. P. Mignard. S.-Charles.
409. Table de Boule à quatre pieds.
410. Idem.
57. Bartolet Flaméel.
322. Bufte de femme en bronze.
14. Baffan. L'Adoration des Bergers.
335. Tables de jafpe de Sicile.
68. Hakkert & Vandenwelde.
330. Deux Vafes de granit.
114. S. Bourdon. Tableau de genre.
294. Groupe de quatre enfans en ivoire.
18. Carlo Dolce. La Vierge & l'Enfant.
301. Une Mufe antique.
5. Corrége. Le Chrift en croix.
404. Deux Meubles de Boule.
3. Jules Romain. Copie de Raphaël.

407.   Un Meuble de Boule.

71.   G. Laireſſe. Le Rachat de l'eſclave.

308.   Buſte de femme grecque.

52.   Jacques Jordans. Le Repos en Égypte.

CINQUIÈME VACATION.

Du vendredi 3 octobre.

151.   Doyen, d'après Rubens.

427.   Bordures dorées.

135.   (Partie) Grimoux. Deux Portraits.

127.   Lafoſſe. La Madelaine.

345.   Un Socle de prime vert.

29.   Carpioni. Une Bacchanale.

289.   Sibille, par Legros.

103.   Lenain. Un Cardinal.

392.   Deux Flacons de porcelaine.

126.   Lafoſſe. Le Mariage de S. Ch.

90.   Michel, d'après Ruyſdaal.

324.   Vaſes étruſques.

140.   Boucher. Caravanne.

309.   Buſte d'un jeune Empereur.

149.   Lagrenée jeune.

349.   Deux Socles de granit.

23.   Pietro Genoveſe.

112.   Leſueur. Portrait.

314.   Buſte d'homme en marbre.

21.   L'Eſpagnolet.

15.   Baſſan. Sainte-Famille.

304.   Grande Statue de marbre.

306. Idem, la Vénus.
329. Deux forts Vases de granit.
313. Buste d'Alexandre en marbre.
130. Watteau. Deux Tableaux.
 47. Rubens. Achille à la cour de Nicomède.
318. Candelabre antique.
 10. Dominiquin. S.-Antoine.
412. Commode de Boule.
 83. Ad. Ostade. Chambre de paysans.
391. Magots extraordinaires.
 74. Ph. Champagne. Un Portrait d'homme.
280. Faune en terre cuite.
 94. Vanderneer de Delft.
389. Un Vase de terre d'Urbin.
108. Gaspre. Un Paysage.
408. Table de Boule à six pieds.
 86. Francisque Millet. Paysage.
356. Quatre Candelabres.
  6. Corrége. S.-Barthélemi.
 60. Winants & Adrien Vandenwelde.
300. Isis en basalte égyptien.
143 *bis*. Joseph Vernet. Un Calme.
 64. N. Berchem. Paysage, Animaux.
     Meubles de Boule.
136. F. Lemoine. Une Bataille.
403. Deux Meubles de Boule.
 39. J. P. Panini. Ruines de Rome.
333. Table de mosaïque antique.
 98. Dietricci. La Fuite en Egypte.
293. Deux Enfans en ivoire.
 17. Calabroise. S. Pierre martyr.
142. Roland de Laporte. Le Christ.

141. F. Boucher. Galathée.
406. Deux grands Meubles de Boule.
50. Crayer. Un Rofaire.

SIXIÈME VACATION.

Du Samedi 4 octobre.

Les Pierres antiques, ouvrages grecs, romains &
modernes, gravées tant en relief qu'en creux, fur
Sardoine onix vermeille , Cornalines & autres matières rares, montées en épingles ou en bagues, &
non montées , depuis le n.° 360 jufqu'à 378.

Les Tabatières rares, de prime d'opall , d'agates
orientales herborifées , platine , en lac, &c., depuis
le n.° 379 jufqu'à 384.

Les Peintures & Vafes émaillés , depuis 385 jufqu'à
388.

Divers objets curieux, depuis 423 jufqu'à 426 & 429.

L'hiftoire naturelle , depuis le n.° 430 jufqu'à 439,
& le n.° 326 , ou autres objets des vacations précé-
dentes qui auroient pu ne pas être vendus.

SEPTIÈME VACATION.

Du Lundi 6 octobre.

209. L'Arche de Noé , par Bourchardon.
211. Un Jeune Garçon, *idem.*
239. Guerchin & C. Vanloo.
217. Lepicier. Guillaume le conquérant.

213. Une Académie, par Deshayes.
222. Trois Payfages.
202. Lafoffe. L'Adoration des Bergers.
203. *Idem.* Laban, efquiffe coloriée.
229. J. B. Greuze. Tête de femme, paftel.
243. Sept Deffins, par différens maîtres.
227. Greuze, Tête d'Homme.
245. Dix Deffins Bouchardon, Ango.
238. Six Deffins par différens maîtres.
228. J. B. Greuze. Tête d'Homme.
161. Jules Romain.
178. Rofalba. Deux Têtes.
183. F. Mieris.
231. Fragonard.
234. Robert.
204. Deux Watteau.
250. Deux Julien.
201. Jouvenet.
225. Greuze. Algérien.
191. Hafner.
248. Vidalle.
172. Jofepin.
179. Rofalba. Son Portrait.
170. A. B. Carrache. Tête de Femme.
212. Deshayes. Deux Académies.
230. De Boiffieux. Vue des Alpes.
184. Ph. Champagne. Grifaille.
223. La place Navone, par de Wailly.
196. Vénus & Adonis, par Lebrun.
232. Fragonard. Jardin d'Italie.
199. Deux Noël Coypelle.
212. Deux Académies de Bouchardon.
213. Bouchardon. Camée antique.

190. Vander Meulen. Gouaches.
197. S. Bourdon. Repos en Egypte.
206. Bouchardon. Diomède.
164. Polidor. Frife.
176. Deux Benedette Caftiglione.
244. Six Deffins de Lefueur.
193. Pouffin. Payfages.
 97. Vander Weff. Grifailles.
175. Pietre de Cortone.
182. Vandyck. Chrift au larron.
169. Annibal Carrache.
194. L. Delahyre. Proceffion.
216. Boucher. L'Adoration des Rois.
240. Mignard. Le Plafond de S. Cloud.
247. Trois Gouaches de Lallemand.
241. Quatre Larue, fculptures.
174. Vannini. S. François.
233. Robert. Deux Deffins.
242. Six Larue, fculpteur.
188. Verner. Gouaches.
187. G. Laireffe. Un Sacrifice.
219. Delarue, deux.
160. Jules Romain. Triomphe.
220. Delarue, peintre.
166. Titien. Antiope.
 Partie.
 Partie.
N.os omis : 189, 198, 211, 246, 252.

HUITIÈME ET DERNIÈRE VACATION.
Le Mardi 7 Octobre.

278. (Partie). Eftampes en feuilles.
278. *Idem.*

277. *Idem.*

278. Six Deſſins montés.

277. Eſtampes en feuilles.

261. Deux Eſtampes coloriées d'Oſtade.

269. Galerie de Pierre de Cortonne.

272. Recueil de Deſſins de Bazan. Peintures de Veniſe.

262. Lady Veſtern.

266. Les Batailles du prince Eugène.

254. Et. Pouſſin. La Femme adultère.

268. Recueil du Parmeſan.

255. Moïſe ſauvé des eaux. Pouſſin.

256. Colombel. Le Chriſt chez le Phariſien.

259. Le Portrait de Washington.

260. La Cour de Pruſſe.

258. L'Empereur & Roi Napoléon, d'après Iſabey.

274. (Partie). Par différens maîtres.

198. L'Apothéoſe d'Hercule. Bourdon.

277. Eſtampe d'après Rubens.

249. Lagrénée le jeune. Deſſin.

277. Jupiter & Léda, par Porporati.

277. L'Innocence, par Bartholozzi. 1.re épreuve avant toutes lettres.

277. (Partie). Raphaël de Dreſde , par Schulze.

279. Deux Planches, d'après Boucher.

228. Greuze. Tête d'enfant. Deſſin.

181. Lucas de Leyden. Gouache.

237. Nicole. Une Vue de Rome.

275. Les Stucs du Vatican , eſtampe.

236. Mme Lebrun. Un Deſſin.

235. Chaudet. Deux Deſſins.

224. Greuze. Une Compoſition.

163. Polidor. Deux Deſſins.
251. Demachy. Une Gouache.
195. L. Delahyr. Les Trois Maries.
173. Pierre Teſta.
215. F. Boucher. Galathée.
192. Les Muſes, par Stella.
168. A. Carrache. Leda.
207 & 208. Bouchardon. Deux Deſſins.
162. André Delſarte.
205. Bouchardon. L'Amour.
167. Cavedon. Un Roſaire.
231. Fragonard. Marche d'Animaux.
218. Larue. Tobie.
253. Fontaine. Une Gouache.
271. L'Œuvre de Vaterlo.
186. G. Laireſſe. Caligula.
159. Raphaël. Griſailles.
177. Roſalba. Paſtel.
265. Les Hommes illuſtres de Pérault.
171. Louis Carrache. Sainte Famille.
263. Le Cabinet de Rynlt.
180. J. Paul Panini. Deux deſſins.
273. *Ecce Homo*, gravé par Auguſtin Carrache, d'après le Corrège.
185. J. Jordans. Sainte Apolline, griſaille.
264. Recueil de Portraits gravés par Vandick.
200. Devoligny. Deſſin à la plume.
270. La galerie de M. Lebrun, ou Traité des Maîtres flamands, hollandais & allemands, 3 volumes in-folio, reliés en maroquin, épreuves avant la lettre.

N.os omis : 226, 257, 267, 276 & 165.